QR動画付きで
よくわかる!

即効! 若見え
顔筋ほぐし

美筋エステティシャン
服部 恵

河出書房新社

はじめに

おめでとうございます。今日からあなたは、必ず、美しくなります。

この本を手に取ってくださったあなたはきっと、キレイになりたい、若くなりたい、美しくなりたいと、少なからず美を意識している方だと思います。

美しさは、内面から出てくるものです。

この本を手に取ったということ、その行動力こそが、すでに昨日よりも美しくなった証拠です。

私は美筋エステティシャンとして、20年間、多くのお客様のキレイづくりに携わってきました。そんな中、お客様から口を揃えて言われていたのが「自宅ケアが続かない」。そして、多くの方が誤ったケアをしていることにご自身が気づかれていない、ということでした。雑誌やテレビで良い美容法があると知れば、実践はするけれど、知らないあいだにかえって逆効果になっている方も、少なくありません。

高価な美顔器や化粧品を使えば、効果があらわれるのは重々わかりますが、私たちが求める美容法は、「簡単にできて結果が出る」ことですよね。みなさん、安心してください。いちばん身近に、手軽で、効果が出て、万能で、いちばん使いやすい、世界一の美顔器があるのです。それは「自分の手」です。こんなにも、自由自在に、理想のカタチをつくれる道具は他にありません。

実際私はサロンで、自らの手を使い、お客様のお肌の悩みを解決しています。今回構築したこの顔筋ほぐしは、私が行っている「美筋形成」というオリジナルのプロの美容マッサージを、誰でも簡単に、そして手軽にできるよう、実践をもとに考えました。

今日はこれからの人生でいちばん若い日です。何をするにも、遅いということはありません。１日１分でも大丈夫なので、この本がみなさんのお肌、そして人生まで美しくなるきっかけになれると嬉しいです。

美筋エステティシャン　服部　恵

この本の見方

顔筋ほぐしは、老け見えのお悩みに応じた部位別マッサージ。ひとつの施術は「ほぼ3ステップ以内」。簡単で覚えやすいのが特長で、効果を確実に実感できるプロのメソッドです。すべての施術には、わかりやすいQR動画をつけました。好きなメニューをカスタマイズし、毎日楽しく続けましょう。

特長1 わかりやすい動画付き

書面で迷ったらQRコードを読み取って動画をチェック。正確な動きを確認できます。著者実演の動画だから、著者と一緒に楽しく、正しく施術を行うことができます。

※QRコードは(株)デンソーウェーブの登録商標です。

特長3 アプローチする筋肉を表示

より効果を上げるには効かせる筋肉を意識することが大切。そのため、書面ではどこにアプローチするかを明記しています。

特長2 劣化悩みに対応

部位別に効果的なマッサージをご紹介。悩みに応じて自分なりにカスタマイズして行えます。

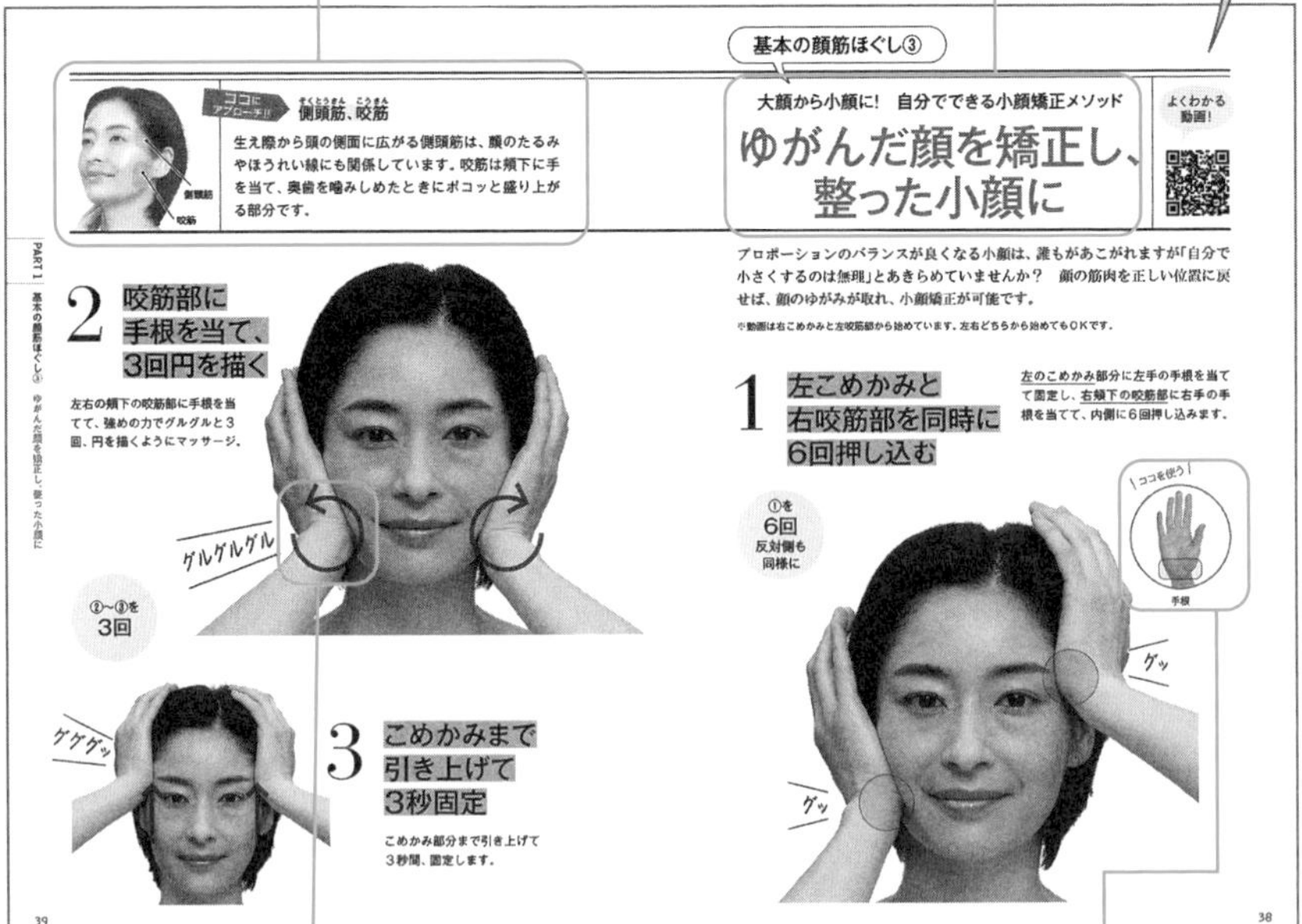

ココにアプローチ!! 側頭筋《そくとうきん》、咬筋《こうきん》

生え際から頭の側面に広がる側頭筋は、顔のたるみやほうれい線にも関係しています。咬筋は頬下に手を当て、奥歯を噛みしめたときにボコッと盛り上がる部分です。

側頭筋

咬筋

基本の顔筋ほぐし③

大顔から小顔に! 自分でできる小顔矯正メソッド

ゆがんだ顔を矯正し、整った小顔に

よくわかる動画!

プロポーションのバランスが良くなる小顔は、誰もがあこがれますが「自分で小さくするのは無理」とあきらめていませんか? 顔の筋肉を正しい位置に戻せば、顔のゆがみが取れ、小顔矯正が可能です。

※動画は右こめかみと左咬筋部から始めています。左右どちらから始めてもOKです。

1 左こめかみと右咬筋部を同時に6回押し込む

左のこめかみ部分に左手の手根を当てて固定し、右頬下の咬筋部に右手の手根を当てて、内側に6回押し込みます。

①を6回 反対側も同様に

ココを使う

手根

グッ

グッ

2 咬筋部に手根を当て、3回円を描く

左右の頬下の咬筋部に手根を当てて、強めの力でグルグルと3回、円を描くようにマッサージ。

グルグルグル

②〜③を3回

3 こめかみまで引き上げて3秒固定

こめかみ部分まで引き上げて3秒間、固定します。

ゲゲグッ

PART 1 基本の顔筋ほぐし③ ゆがんだ顔を矯正し、整った小顔に

39

38

特長5 手技の強弱や方向も表示

より動作を理解しやすいように解説のほか、方向は矢印で強弱は擬態語を使って表示。ひと目で施術がイメージできる構成です。

特長4 使うのは自分の手だけ

美筋エステティシャンならではの4つの手技で行います。書面では手のどの部分を使うのかを明記しています。

CONTENTS

5つの要素

服部式「顔筋ほぐし」で若見えが実現する理由

リンパ・血液・筋肉・骨格・気 5つの調和で顔のお悩みを解決

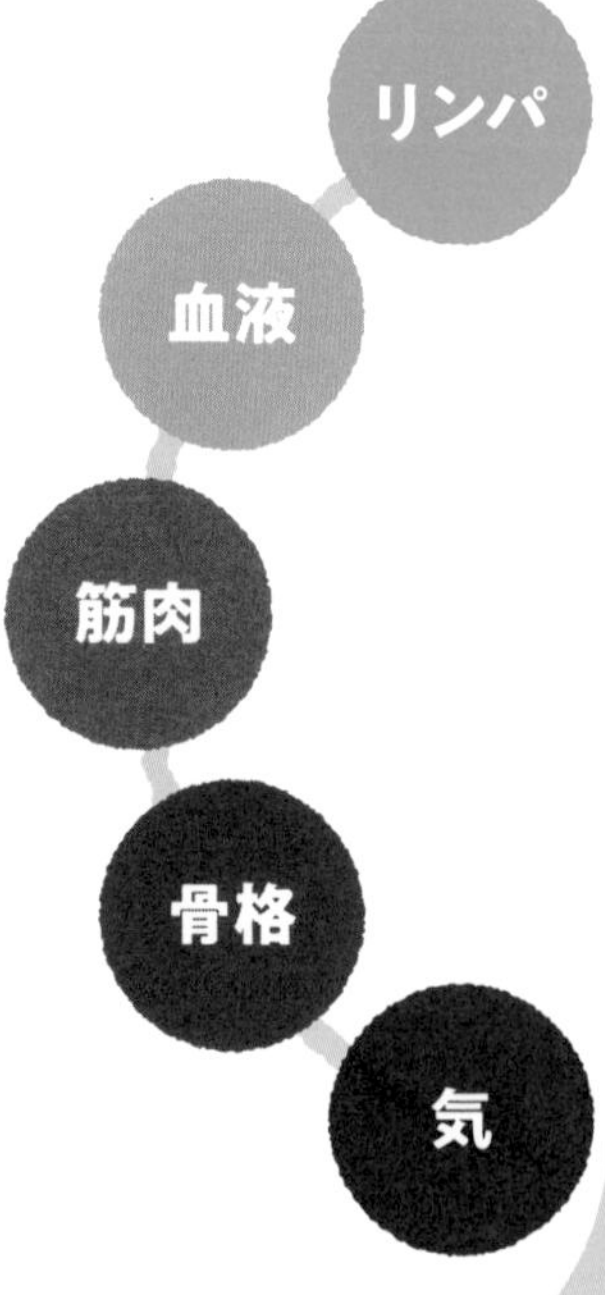

若見えは代謝で決まる!

みなさんは日々「美しくなりたい」「若く見られたい」と考えていらっしゃるでしょう。そのために効果が高いといわれるお化粧品を使ったり、マッサージやパックをしたり、ときにはエステに行ってみたり……。これらすべてのケアの根本にあるのは「代謝を上げる」ことです。

「代謝」とは「古いものと新しいものが入れ替わること」。「若い頃はすぐに治った傷が、今はなかなか治らない」と感じたことはありませんか? これは代謝のスピードが若い頃よりも遅くなっているから。代謝が速ければ、細胞は次々と入れ替わっていくので、みずみずしい肌を保てます。では、代謝をアップするためにはどう

5つの要素の調和

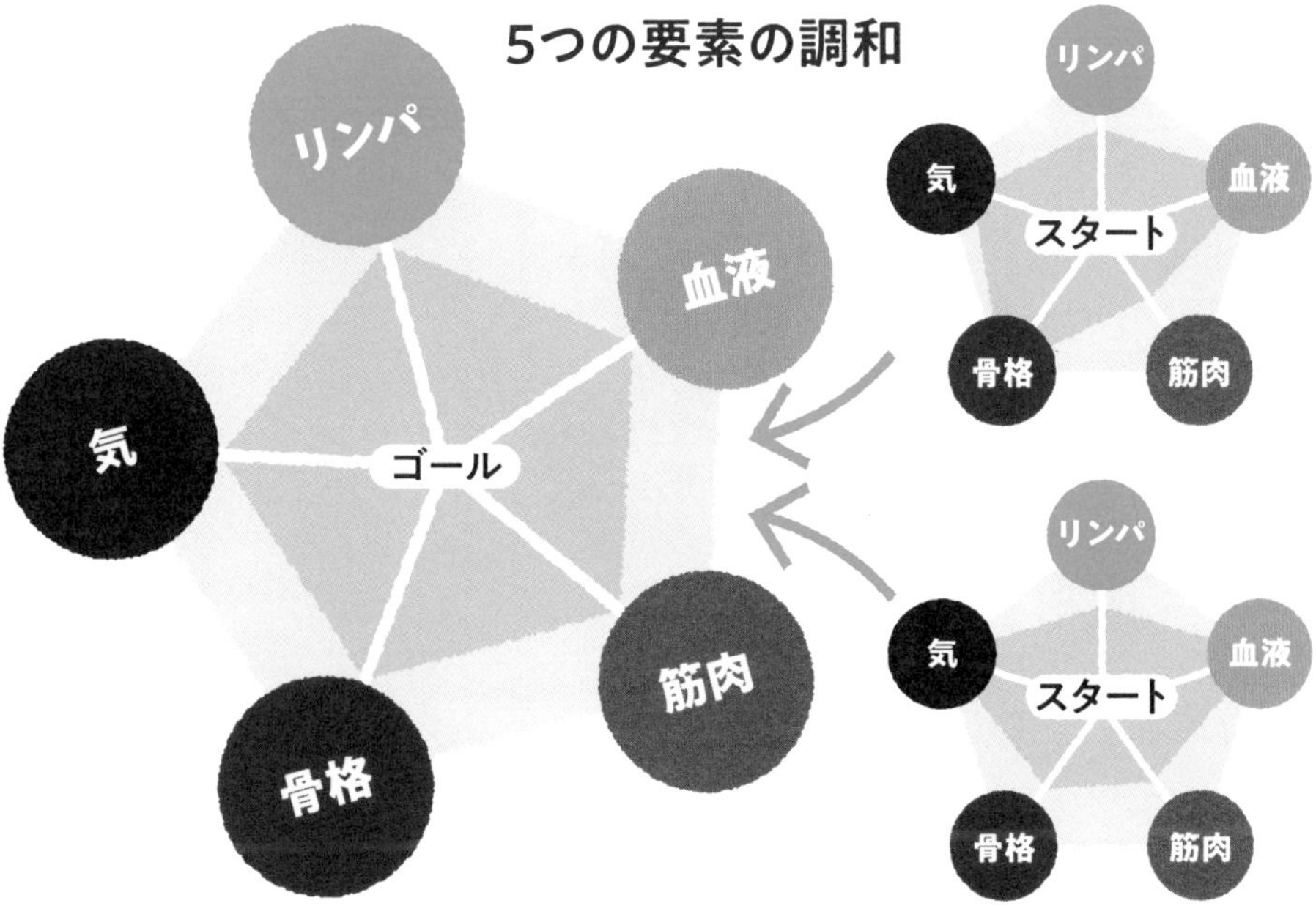

すればいいのでしょうか。それは体温を上げることです。体温を上げるためには、リンパと血液がスムーズに流れるようにすればいいのです。

シワやたるみをなくすポイントは筋肉

年齢とともに顔にあらわれるシワやたるみは、筋肉が弱くなっていることが原因のひとつです。筋肉をほぐし、柔軟性を取り戻せば、シワやたるみも消えていきます。この筋肉と、筋肉を支える骨格がとても大切で、リンパと血液、筋肉と骨格が「顔筋ほぐし」のキーワードです。ここに理論にもとづいた気持ちの「気」を加えて、服部式「顔筋ほぐし」の5大要素と定義し、私はこの5つのバランスを重視しています。

理論と実践の手技の両面からアプローチしているからこそ、服部式「顔筋ほぐし」は若見えが実現します。実際に行っていただければ、必ず納得していただけるはずです。

要素①
リンパ

老廃物を流すリンパ。ポンプがないからハンドマッサージの効果てきめん！

ポンプがないから、滞りやすい

体中の細胞から排出された二酸化炭素や老廃物を流すリンパは、よく「下水道」にたとえられ、リンパ節で細菌や老廃物をろ過しています。そして、リンパ球をつくり、免疫物質である「抗体」を全身に送るという大切な役割も担っています。

リンパの流れはとてもゆるやかで、人によってそのスピードは異なり、全身を6～24時間かけて流れるといわれています。しかし、血液と違って心臓のようなポンプがありません。どうやって流れるかといえば、日常生活によって筋肉を動かしたり、無意識に行っている呼吸であったり、体を動かすことで自然に流れていきます。逆にいえば、長時間同じ姿勢で過ごしたり、運動量が少ないと流れが悪くなってしまいます。流れが悪くなれば老廃物を運ぶ働きが衰えて、体内にとどまる時間が長くなりますから、むくみの原因になります。

皮膚をなでるようにマッサージすることも重要

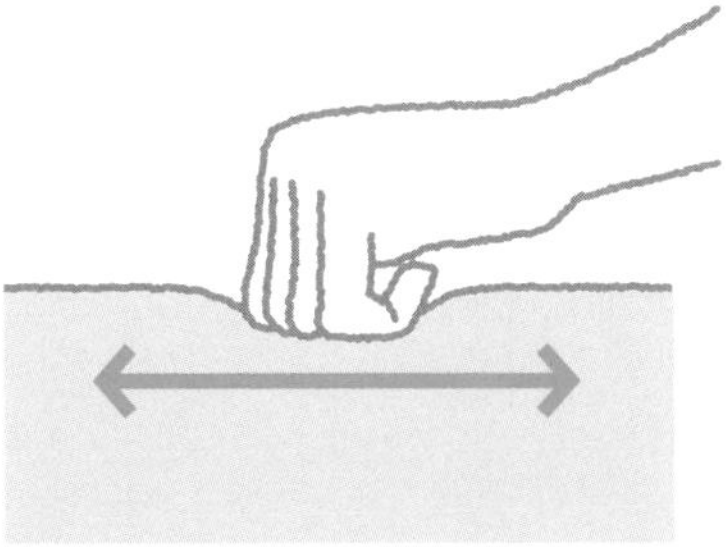

皮膚に近いところを流れているリンパ管や毛細血管をイメージしてマッサージしましょう。

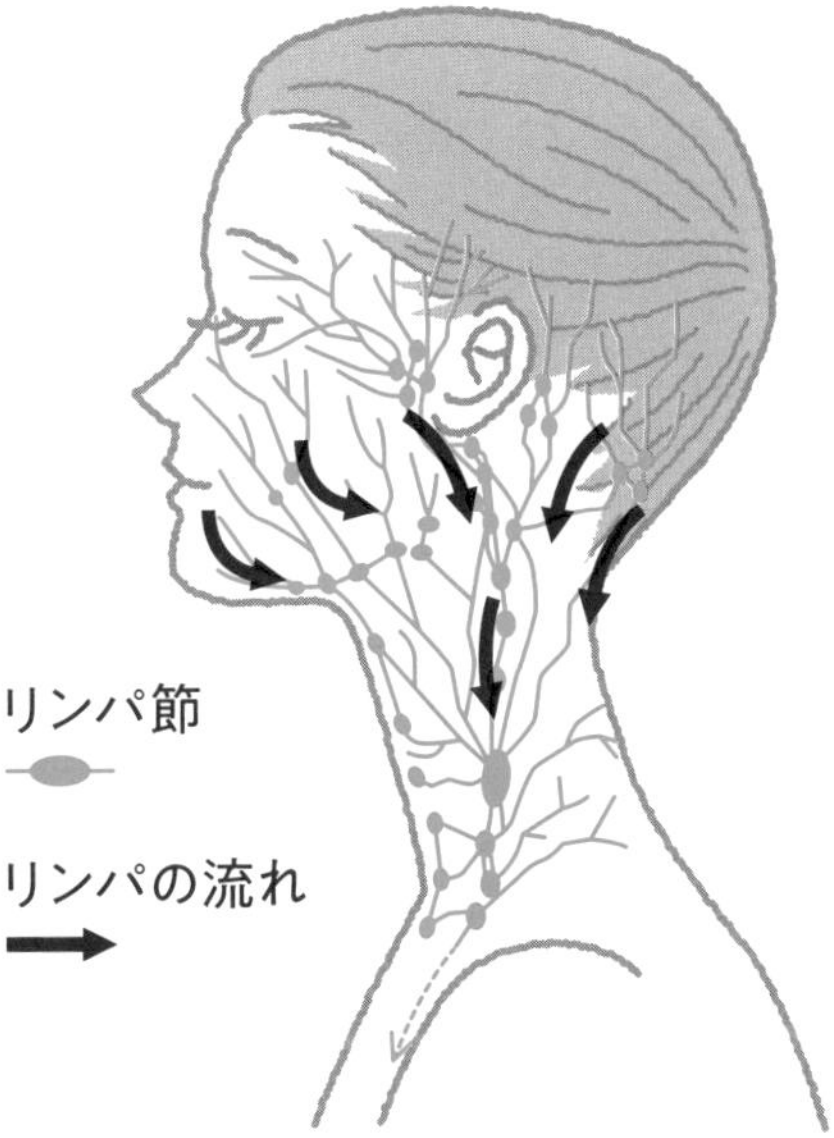

ハンドマッサージで流れを促進

25メートルのプールでは、誰も泳いでいなければ、水は動きません。これがリンパです。一方、円形になっている流れるプールは血液です。一度流れができると、自然に循環します。リンパをスムーズに流す技術が、エステサロンでよく使われる「リンパ・ドレナージュ」です。

幸いなことに、リンパは皮膚のすぐ下の浅いところを流れているため、リンパの流れに沿って、物理的に外から刺激を与えてあげれば、よく流れるようになります。「顔筋ほぐし」では、このリンパ・ドレナージュの手技を取り入れて、圧迫しすぎないように軽く流すマッサージを行います。

要素②

血液

体温上昇が代謝アップのカギ。リンパとともに循環を良くし、体温を上げる

血液循環が体温上昇につながる

血液は全身をくまなく流れ、酸素や二酸化炭素、栄養素、免疫物質、ホルモンなど、体に必要な物質を運んでいます。それがリンパと比べて「上水道」といわれる理由です。最終的にはリンパと合流する血液ですが、リンパとの大きな違いは「心臓」というポンプがあることです。おかげで全身を約1分で巡ります。

血液の循環が良くなると、必要な物質が体中に早く行き渡ります。すると代謝がアップして体温が上昇します。その結果、ターンオーバーの促進や美白、たるみアップ効果など、肌にとってさまざまなメリットがあります。

眠っている毛細血管を働かせる

「顔筋ほぐし」では、リンパの流れをスムーズにするために、浅いところをマッサージしますが、これにはもうひとつ大きなメリットがあります。それは毛細血管が

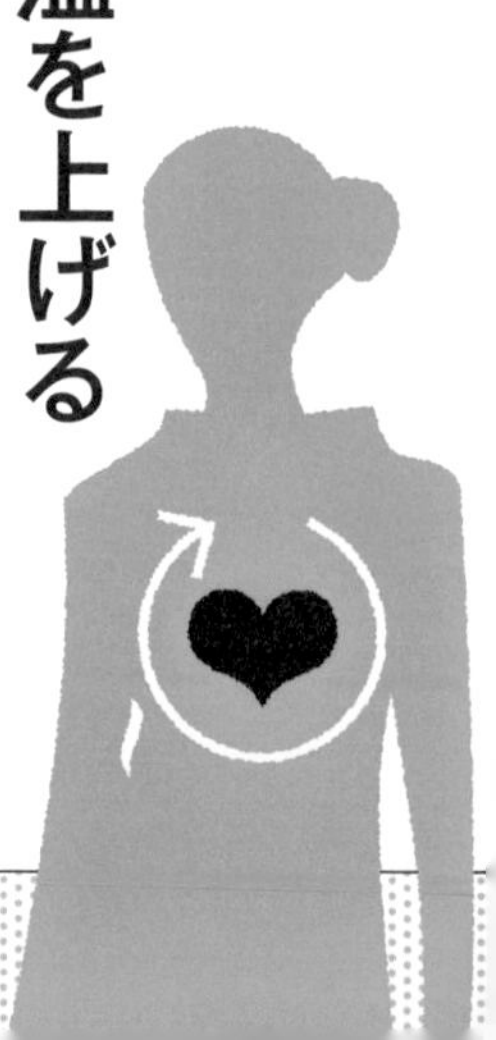

刺激されるということです。リンパ同様、皮膚から浅い部分にある毛細血管は、実は7割ほどは使われていないといわれています。そこをマッサージで刺激することで、それまで眠っていた毛細血管が機能し始め、血液が届きにくかったところや末端まで血液が循環し、その結果、代謝がアップするのです。

　血液の流れを良くすることは、最終的なゴールではありません。血液の循環が良くなることで体温が上昇し、その結果、代謝アップと体内の酵素の働きを活発にすることが目的です。

　マッサージは、体温の高い人と低い人では、効果が違ってきます。「キレイになりたければ体温を上げましょう」。そのためには血行促進が重要なのです。

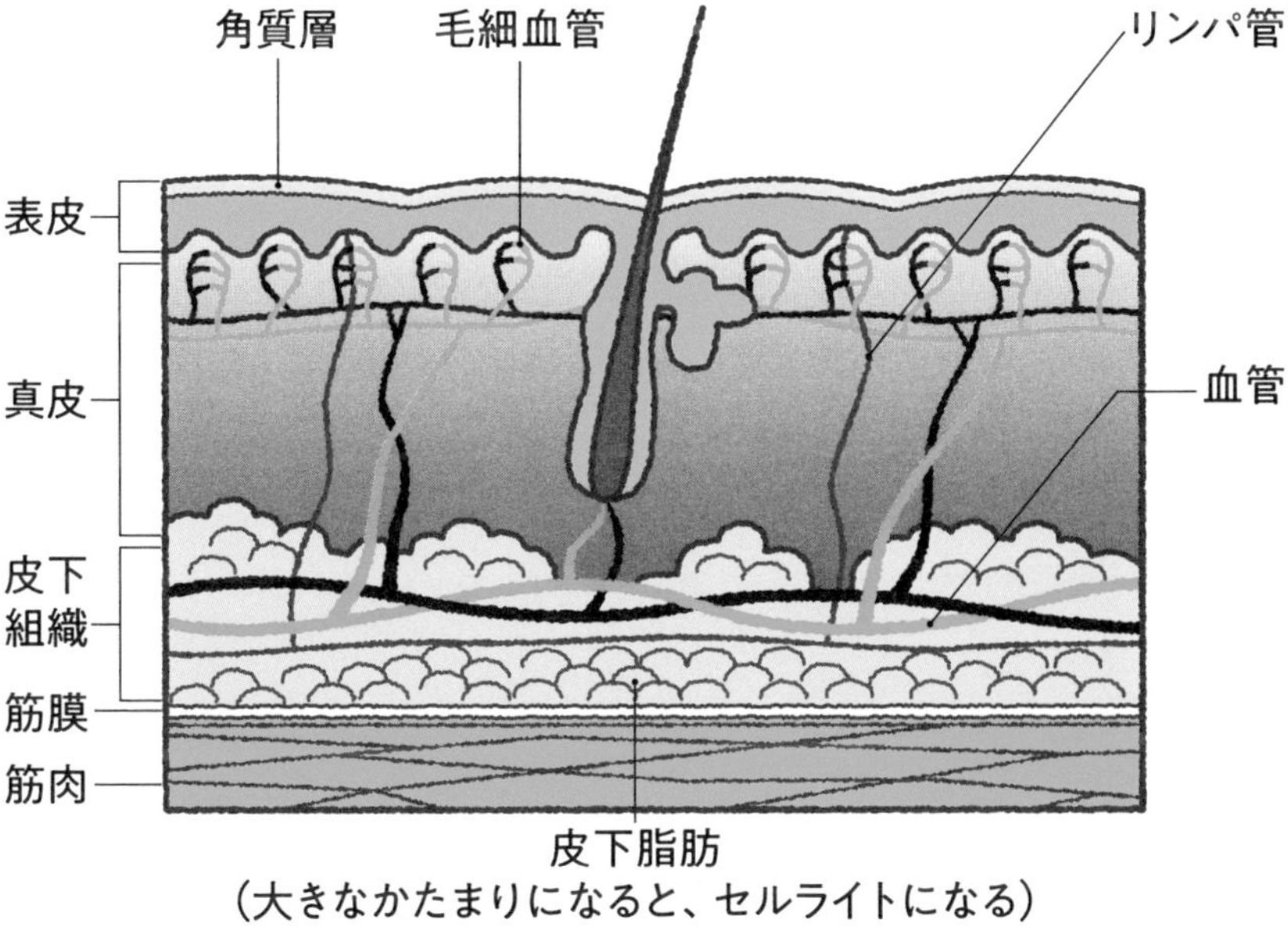

要素③

筋肉

顔の皮膚は筋肉とつながっているから筋肉の柔軟性を保つことが大切

顔の筋肉は骨と皮膚につながっている

体の筋肉は骨と骨をつないでいますが、顔の筋肉は違います。表情筋と呼ばれるように、目や鼻や口を動かし、複雑な表情をつくり出す顔の筋肉は、骨だけではなく、皮膚ともつながっているものがあります。そのため、筋肉が下垂してくると、つながっている皮膚も下がってきて、シワやたるみができてしまいます。

逆に言うなら、表情筋を引き上げれば、つながっている皮膚も上がりますから、シワやたるみが解消され、お肌にハリを取り戻すことができます。

筋肉が硬直する2つの原因

筋肉は、筋繊維や血管、リンパ管などが束状にまとまってできています。理想的な筋肉は、力を入れていないときはやわらかく、力を入れると引き締まる柔軟な筋肉です。しかし、実は硬直しやすく、疲労物質や老廃物が溜まります。

その原因のひとつは筋肉自体が針金のようになっていること。筋繊維の性質自体が変わってしまうと、筋肉全体をストレッチで伸ばす必要があります。

2つ目は筋肉に疲労物質である乳酸が溜まりかたまってしまうこと。疲労物質は本来、酸素が流してくれるので、血液の流れが良いと乳酸は溜まりません。しかし、血流が悪くなると、ところどころで筋肉が硬くなって、かたまりができてしまいます。この場合は、硬直した筋肉をもみほぐし、リンパや血流を改善し、溜まっている疲労物質を排出して、筋肉をやわらかくします。

顔の筋肉は体の筋肉よりも動かしづらいので、的確なマッサージをして、動かしてあげることが大切です。

筋肉はそうめんの束状にまとまっている

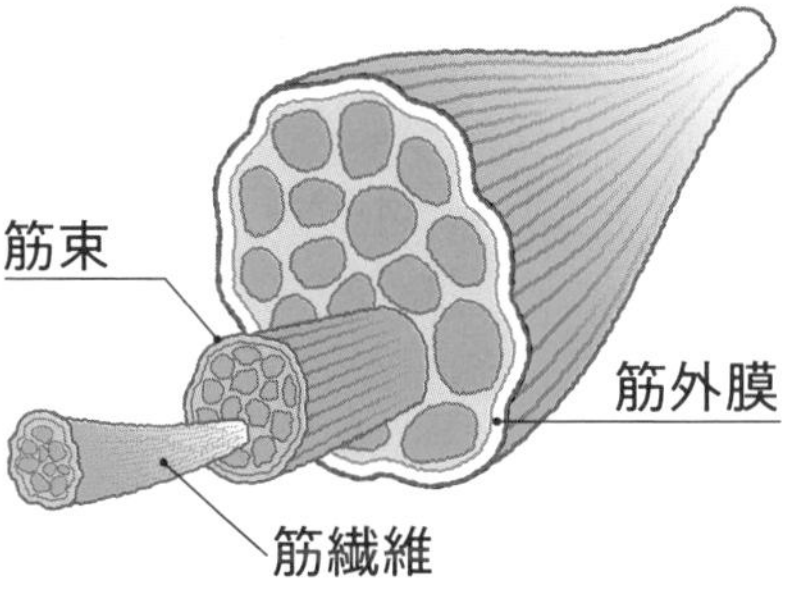

筋繊維自体が硬い

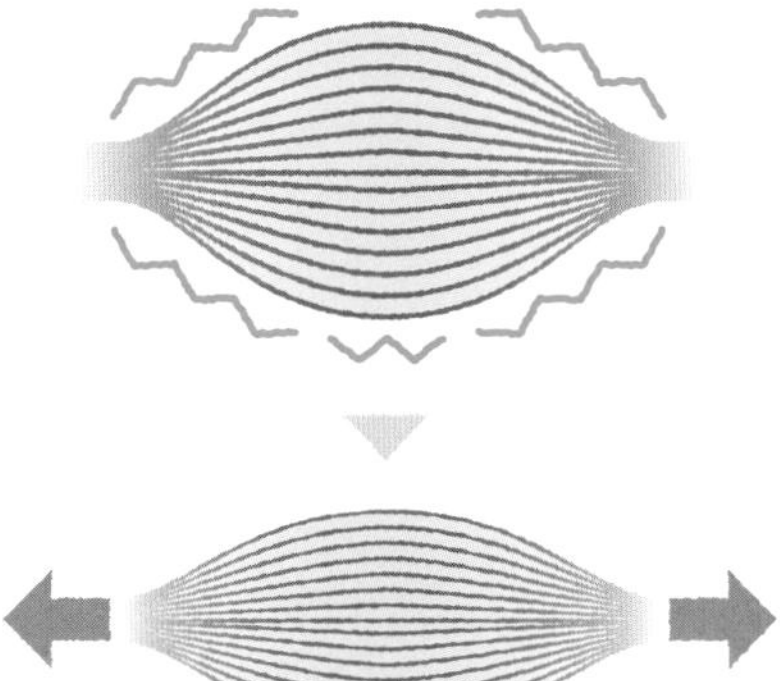

全体を伸ばすストレッチが有効

要素④

骨格

動き方の「クセ」でゆがむ骨格。筋肉を柔軟にしてバランスを整える

人の動き方には「クセ」がある

体の骨組みである骨格は、筋肉とつながっていますが、日常の動作によってゆがみが生じます。たとえば、いつもバッグを右肩にかけるクセのある人は、右側にゆがみやすく、踏み出す足や体重のかけ方なども影響します。

骨格がゆがむと、内臓が本来あるべき場所からずれて機能が低下したり、全身の代謝が悪くなったり、さまざまな悪影響が出てきます。とりわけ顔は、話すときの表情やものを食べるときなどの噛みグセがあり、それが表情筋のこりや骨格にも影響を及ぼしています。一度、鏡を置いて電話をしたり、食事をしたりして、自分のクセを意識してみましょう。そして「右側の筋肉ばかり使っている」とクセに気づいたら、意識的に左側も使うようにして、左右のバランスをとりましょう。

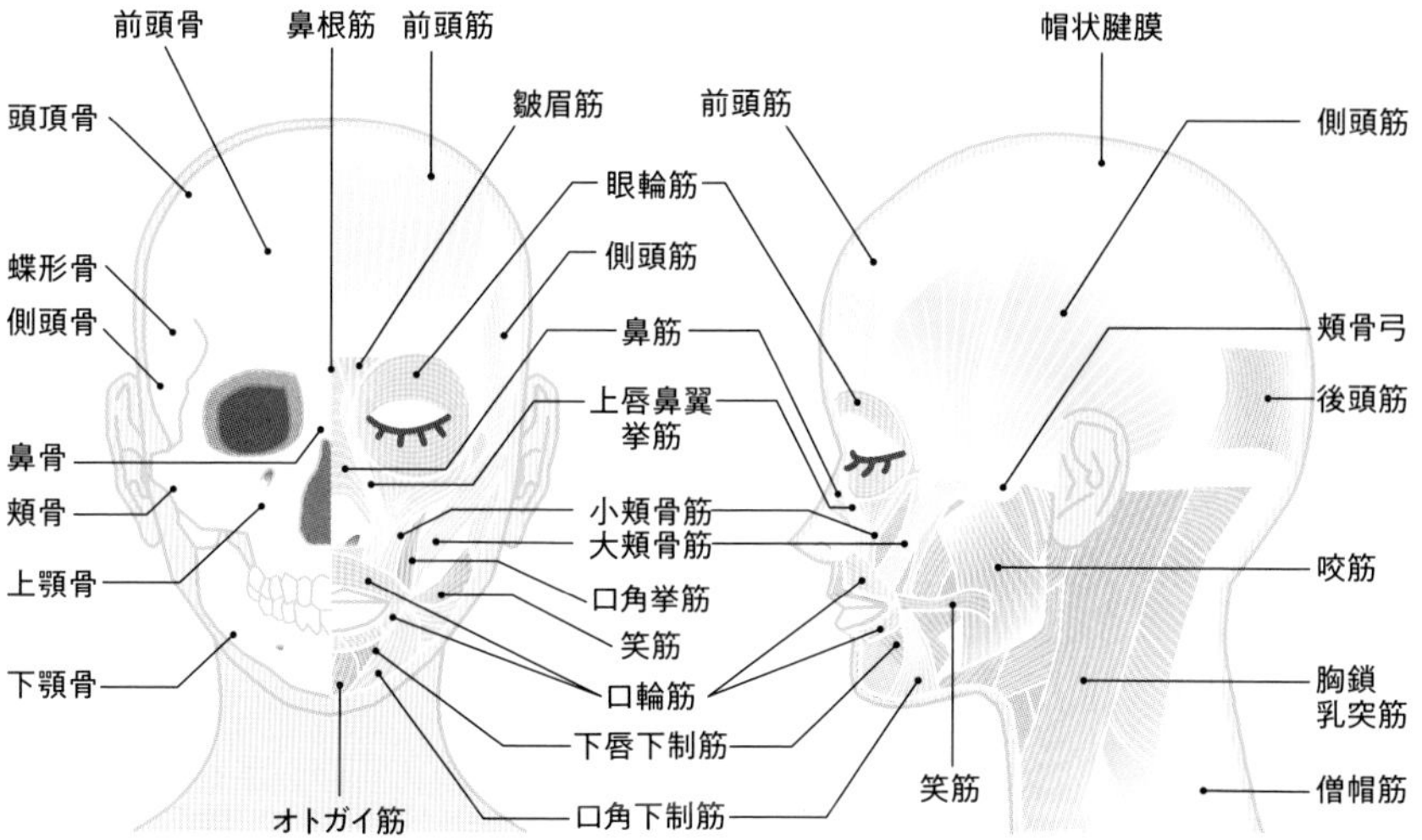

筋肉を柔軟にして骨格を正しい位置に

子どもの頃、割りばしと輪ゴムでゴム鉄砲をつくった経験はありませんか？ これは筋肉と骨格の関係によく似ています。割りばしが骨で輪ゴムは筋肉。骨である割りばしを曲げることはできませんが、輪ゴムが柔軟でよく伸び縮みすれば、割りばしの位置を変えることは自在にできます。つまり、筋肉を柔軟にすることで、筋肉とつながっている骨格の位置も整えることができるというわけです。

同じように、マッサージで骨を動かすことはできませんが「顔筋ほぐし」では、骨と骨をつなぐ筋肉を柔軟にすることで本来の位置に戻します。そして、筋肉を元の位置に戻すことで、骨格のゆがみを治し、本来あるべき位置に整えることを意識して行います。

要素⑤

気（気持ち）

「今日が人生でいちばん若い日」。美意識を持ち続けることでキレイになれる

「理にかなった気持ち」で効果がアップ

最後に大切なポイントをもうひとつお伝えします。「気」です。これは東洋医学でよく使われる「気・血・水」の「気」ではなく、単純に「気持ち」という意味です。

顔筋ほぐしのメソッドを行うとき「頬のたるみが気になるから、上がれ、上がれ」と思いながら行うのと「ここには頬筋という筋肉があるから、この向きに沿って引き上げよう」と知ってマッサージを行うのでは、効果が全く変わります。

最初にお伝えした体温の話でも「体温を上げれば代謝がアップして、肌がキレイになる」と意識しているほうが、結果が出やすくなります。やみくもに気持ちを込めましょうというわけではなく、理論を知り、目的を持ったうえで気持ちを込めてほしいのです。

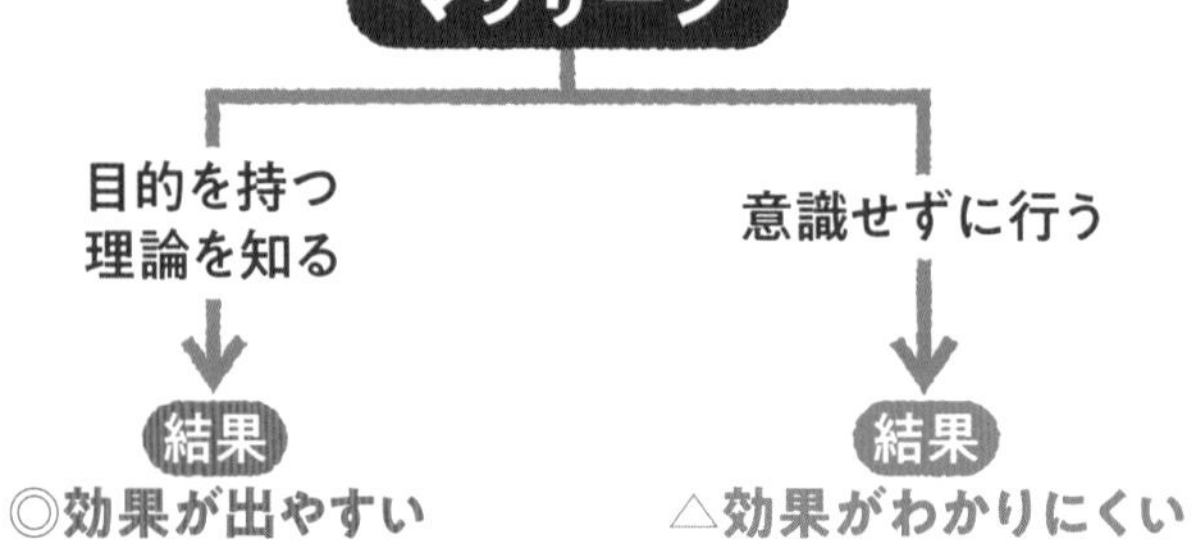

「キレイ」はいつからでも遅くない

エステサロンに初めていらっしゃるお客様の大多数は「今からではちょっと遅いと思うんですが……」とおっしゃいます。でも、私の経験から言わせていただければ「ケアした方は絶対にキレイになれる」。これは自信を持って言えます。

まず「キレイになりたい」という美意識を持ち続けること。これはとても大切です。毎日、マッサージを行うことは、それだけ美意識を持ち続けているということ。「今からやっても遅い」と考えている方とは違います。

「今日は人生でいちばん若い日」です。明日からと言わず、今日から実行しましょう。そして「やらないよりもやったほうが絶対にキレイになれる」と私が保証します。そしてそれは、誰でもない、自分自身の手で実現することができるのです！

悩み解消
体験談

BEFORE ➡ AFTER

服部式

「顔筋ほぐし」で驚きの効果を検証

「顔筋ほぐし」は誰でも簡単にできて、即効性が高いメソッド。
実際に体験した3名の、驚きの効果と喜びの声をご紹介します。

CASE 1　Aさん

実行中から目がパッチリ ほうれい線も薄くなった

目もとケアの後は目がパッチリ大きくなった感じがして、疲れも取れてスッキリ。終わった後は「筋肉を動かした」という実感があって、目の下のたるみや頬のほうれい線も薄くなってとても嬉しかったです。意外に簡単なので毎日のバスタイムで継続します。

お顔全体の色と表情が明るくなりましたね。血流が良くなり、表情筋が引き上がっている証拠。むずかしいほうれい線も上手にケアされて、バランス良くマッサージできています。

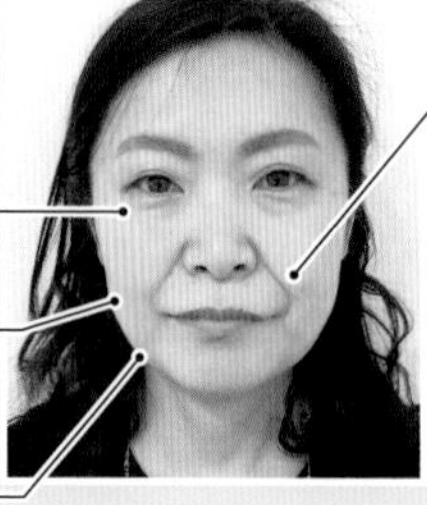

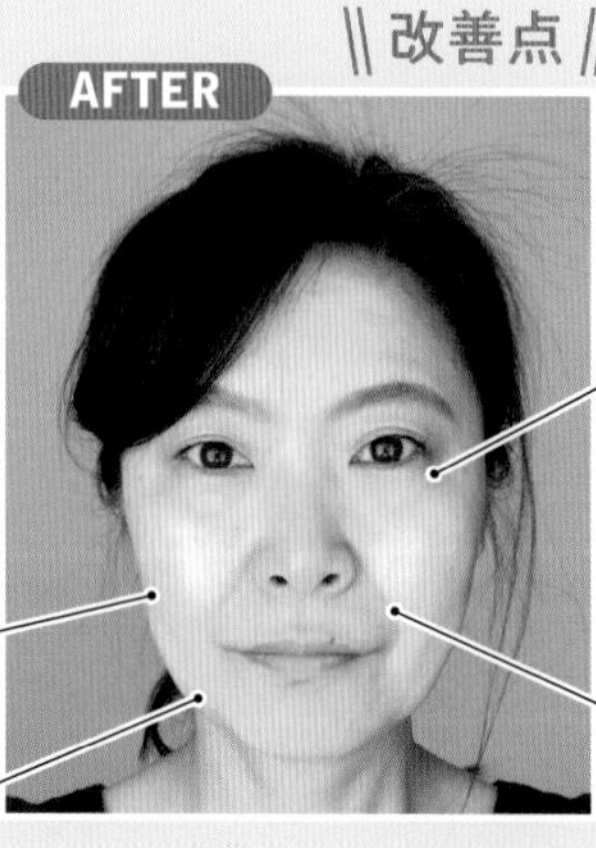

CASE 2　Fさん

顔の代謝アップを実感
顔色が良くなり、ツヤも出た

悩み別にほぐす筋肉が指示されていて、わかりやすかったです。やってみるとイタ気持ちいい。体のストレッチをした後のように顔が軽くなり、顔色が良くなってツヤも出ました。
顔の代謝の改善を実感しています。

頬まわりがスッキリしたので、鼻のむくみも取れて、縦のラインがキレイに出ています。全体のリフトアップと同時に小顔効果も出ていて、お顔全体が小さくなった印象です。

BEFORE

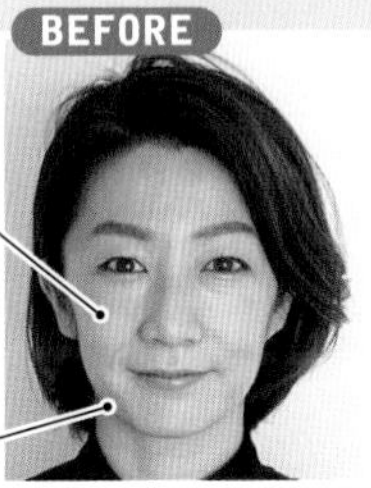

お悩み

頬の厚み

フェイスラインのたるみ

AFTER

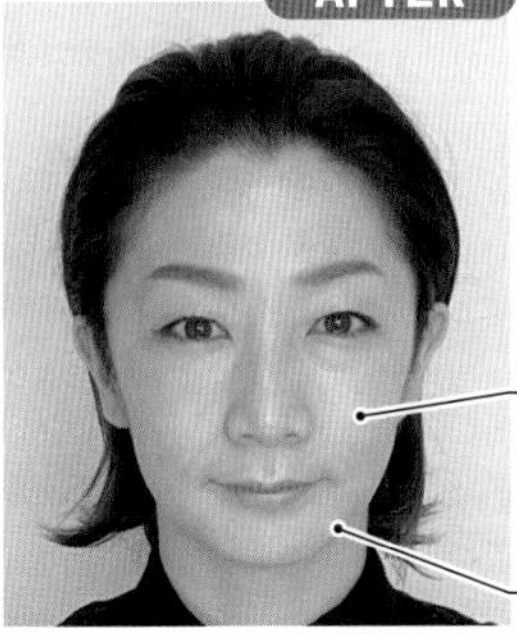

改善点

老廃物が流れてスッキリ

たるみが消えてシャープに

CASE 3　Oさん

短時間で覚えやすい
くちびるの上のシワ予防にも

お悩み別マッサージは、ひとつが 15 ～ 30 秒ぐらいで、すぐに覚えられました。くちびるの上のシワなど、今まで気づいていなかったところのケアまであって画期的！　予防ケアとしても続けていきたいです。

気になるフェイスラインのたるみがなくなり、とてもスッキリされましたね。肌もツヤ肌になり、額・目もと・ほうれい線、すべてのシワも軽減されていて、素晴らしい結果です。

BEFORE

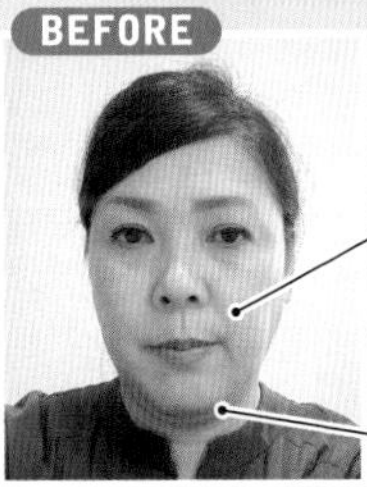

お悩み

目立つほうれい線

フェイスラインのたるみ

AFTER

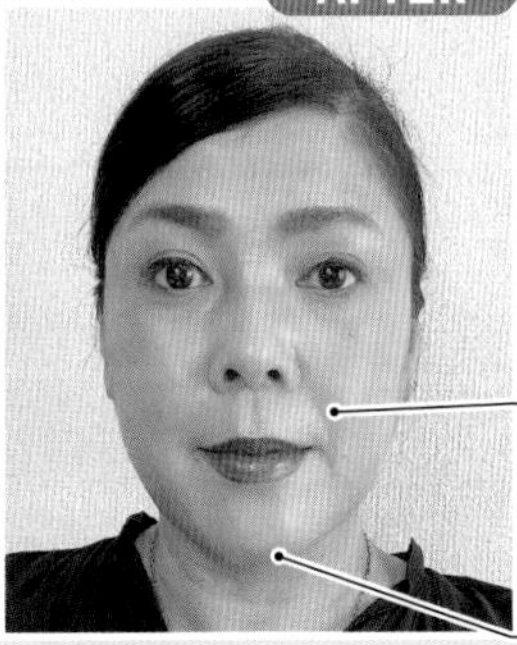

改善点

ほうれい線がほとんど目立たなくなった

フェイスラインのたるみが消えあごもスッキリ

STORY

「顔筋ほぐし」が完成するまで

お客様の厳しいナマの声で完成したメソッド

エステサロン並みの効果を、ご自宅でも簡単に実感していただけるように考案した「顔筋ほぐし」。その完成までの道のりをご紹介します。

「キレイになりたい」からの出発

私がエステティシャンになったのは、実は私自身がみなさんと同じように、キレイになりたかったから。就職してお給料をもらえるようになると、すぐにエステサロンに通い始めたほどです。

この「キレイになりたい」という気持ちは、自分がエステティシャンに転身したあとも変わりません。２００５年に独立し、自分のサロンを起ち上げたときも「自分自身が行きたいと思えるようなサロンをつくろう」と考えました。

サロンに来ていただくお客様には、気持ち良く施術を受けていただき、同時に、効果が高く、持続するハンドマッサージをご提供しようと決めています。そのため、解剖学などの理論も納得がいくまで勉強しています。

1 **理論に基づいたマッサージ技術を構築**

解剖学を学ぶためスクールにも通い、理論と手技の両面から技術向上をはかる。

2 **解剖図を置いて「スパルタモニター様」のご意見を確認**

厳しい意見のほうが技術向上には役立つ。モニター様からのヒアリングを繰り返す。

3 **モニター様全員が納得されるマッサージのみを残す**

スパルタモニター様のご意見を反映しながら、納得していただける手技を厳選。

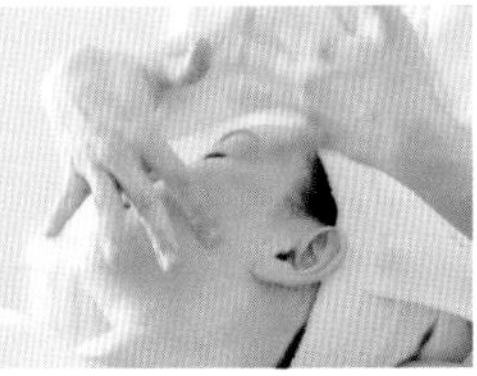

4 **「顔筋ほぐし」メソッドが完成**

プロ向けの技を、一般の方でも簡単にできるようにアレンジした「顔筋ほぐし」が完成。

悪い点を徹底研究。改善を重ねて確かなメソッドに

最も重要なハンドマッサージ技術の向上に関しては「スパルタモニター様」を募り、改良を重ねました。

スパルタモニターとは、私が行き届かない点、悪い点などを指摘していただく辛口のモニター様のことです。施術の際には筋肉の解剖図を横に置いて、お客様のその筋肉にアプローチできているか、気持ちいいか、位置や力の入れ具合を変えたらどうかなどをおたずねしながら進めていきました。

STORY

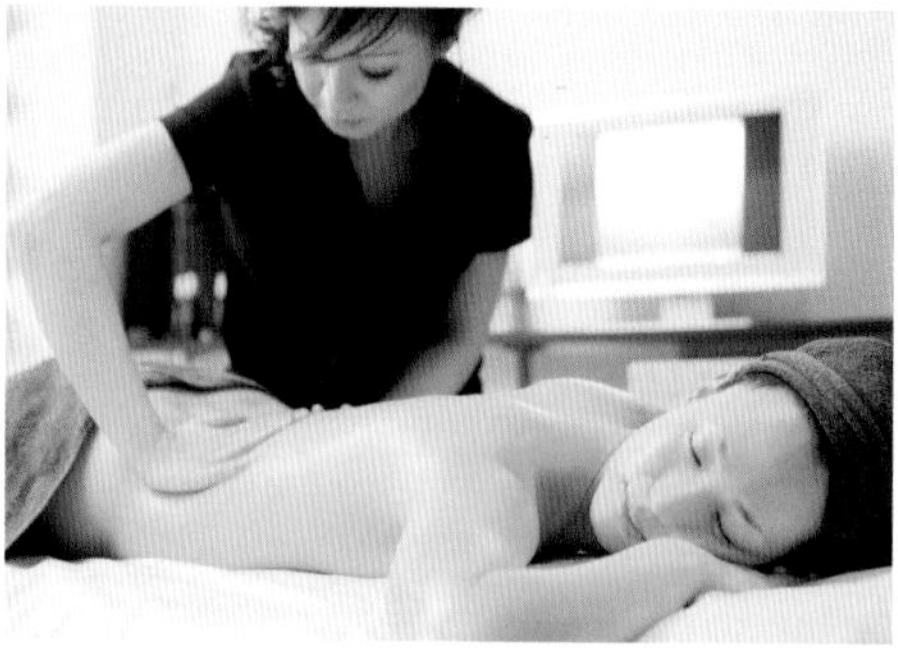

また、施術の数日後にはどのぐらいの期間、効果が保たれたか、ヒアリングも行いました。これを何度も何度も繰り返し、モニター様全員が納得され、きちんと効果が出るマッサージ技術を構築したのがプロ向けの服部式「美筋形成マッサージ」です。

本書の「顔筋ほぐし」は服部式「美筋形成マッサージ」を、ご自宅でも手軽に実施していただけるようにアレンジしたものです。すべての手技に私の実演動画をおつけしていますので、本の解説だけではわかりにくい「どの部分をどのぐらいの強さで」といった迷いも解消されるはずです。私自身も、毎日行って効果を実感していますので、みなさんにも自信を持ってお伝えできます。

キレイになるのに、いつからでも遅いということはありません。毎日の歯磨きや洗顔と同じように「顔筋ほぐし」を習慣化し、続けてみてください。「キレイになったね」「若返ったね」という声が、きっとみなさんに届くはずです。

ビューティーワールドで講演。

数々のエステコンテストで受賞。記念品は宝物。

オリジナルスキンケア商品の開発も積極的に。

PART 1

基本と上半顔・下半顔 顔筋ほぐしをマスターしよう

まずは「顔筋ほぐし」の基本的なやり方と注意点をご紹介します。すべてのもとになる「基本」メソッドと、目やおでこまわりのお悩みを解決する「上半顔」、口もとやあごのたるみ、ほうれい線などの「下半顔」に分けて、それぞれの顔筋ほぐしをひとつずつ解説します。

5 TECHNIQUE

基本のほぐし方をマスターしよう

エステサロンで実際に行うマッサージの技術を、誰でも手軽にできるようにアレンジしたのがこの基本の手技。簡単ですが効果はてきめん！　５つの方法をマスターし、各メソッドにトライしましょう！

TECHNIQUE 1

軽擦《けいさつ》

軽くさする

皮膚の下の浅いところを流れているリンパを刺激し、スムーズに流すことを目的にしています。老廃物を集めて流すようなイメージで、あまり力を入れずにやさしく行います。

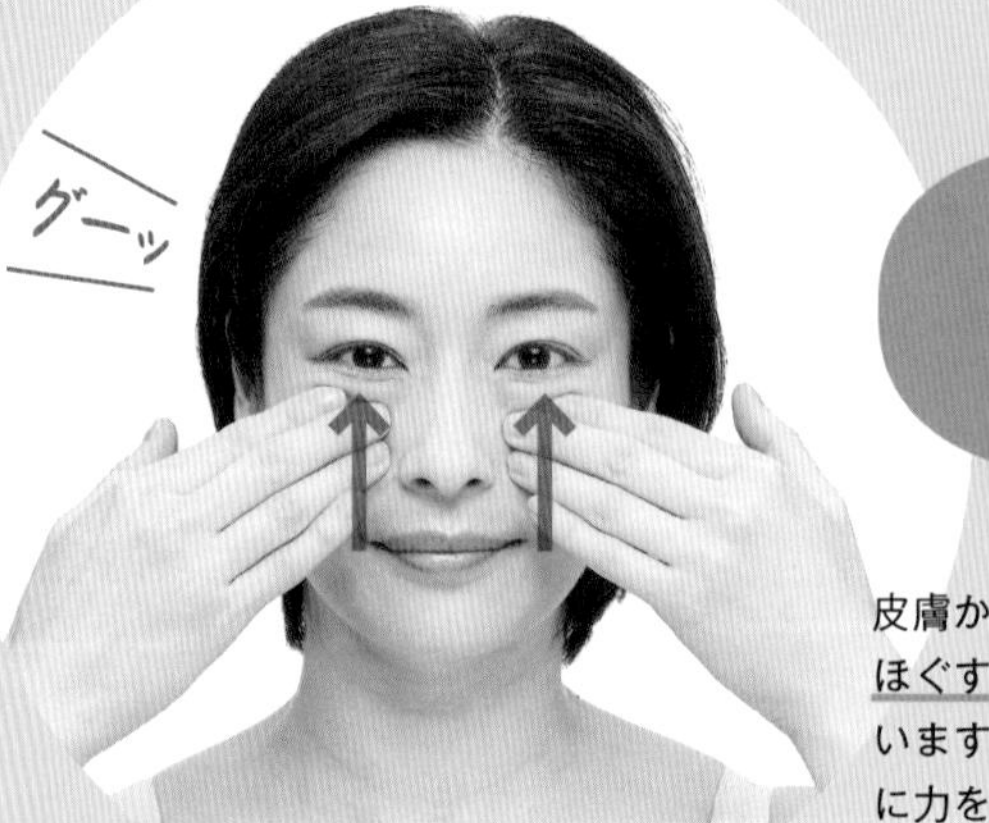

TECHNIQUE 2

強擦《きょうさつ》

強くさする

皮膚から深いところにあるリンパ節や筋肉をほぐすことや、引き上げることを目的にしています。奥深いところまでしっかり届くように力を込めて、強めの力で行います。

TECHNIQUE 3

圧迫《あっぱく》

押して少し引き上げる

フェイシャルの圧迫は、ツボ押しなどとは少し異なった「リフトプッシュ」が効果的。皮膚の奥のほうに力を入れて押し、そのまま1センチぐらい引き上げます。「奥に押して上に引き上げる」イメージです。

TECHNIQUE 4

密着《みっちゃく》

肌にピッタリつける

手を肌にピッタリ密着させれば、触れる面積が広くなります。特にリフトアップを目的にしたメソッドでは、効果は格段にアップします。手をそらせないで、ふんわりと肌に置くことを意識しましょう。

TECHNIQUE 5

密閉《みっぺい》

包み込んで流れを止める

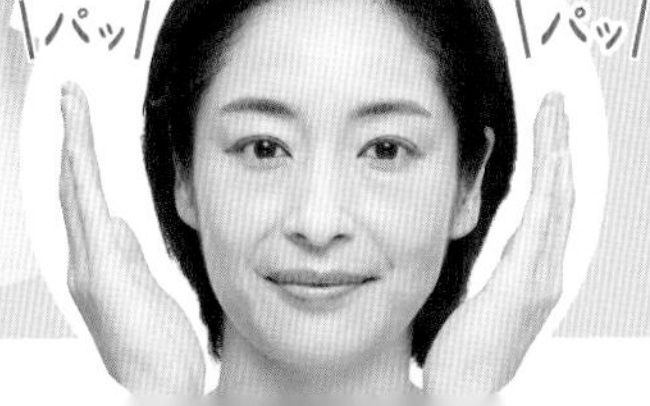

ホースは圧迫して止めた状態を解放すると、一気に水が流れ出します。この原理を応用したのが密閉。血管やリンパ管を包み込むように密閉し、一気にはなすと流れが良くなって、むくみの解消に効果があります。

4 POINT

4つの注意点

顔筋ほぐしはいつでも行えるメソッドですが、洗顔後のお手入れ後がベストタイミング。肌に摩擦の負担をかけすぎないように、10分以内を目安に行いましょう。目的別の特定のメソッドだけ行う場合は、指示の2倍の回数を。

POINT 1

姿勢

鏡をのぞきこんで猫背になると、鏡を見る目線が変わってしまい、目の位置や顔のたるみなどが実物とは違って見えてしまいます。そもそも姿勢が悪いと老けて見えるので、普段から正しい姿勢を心がけましょう。

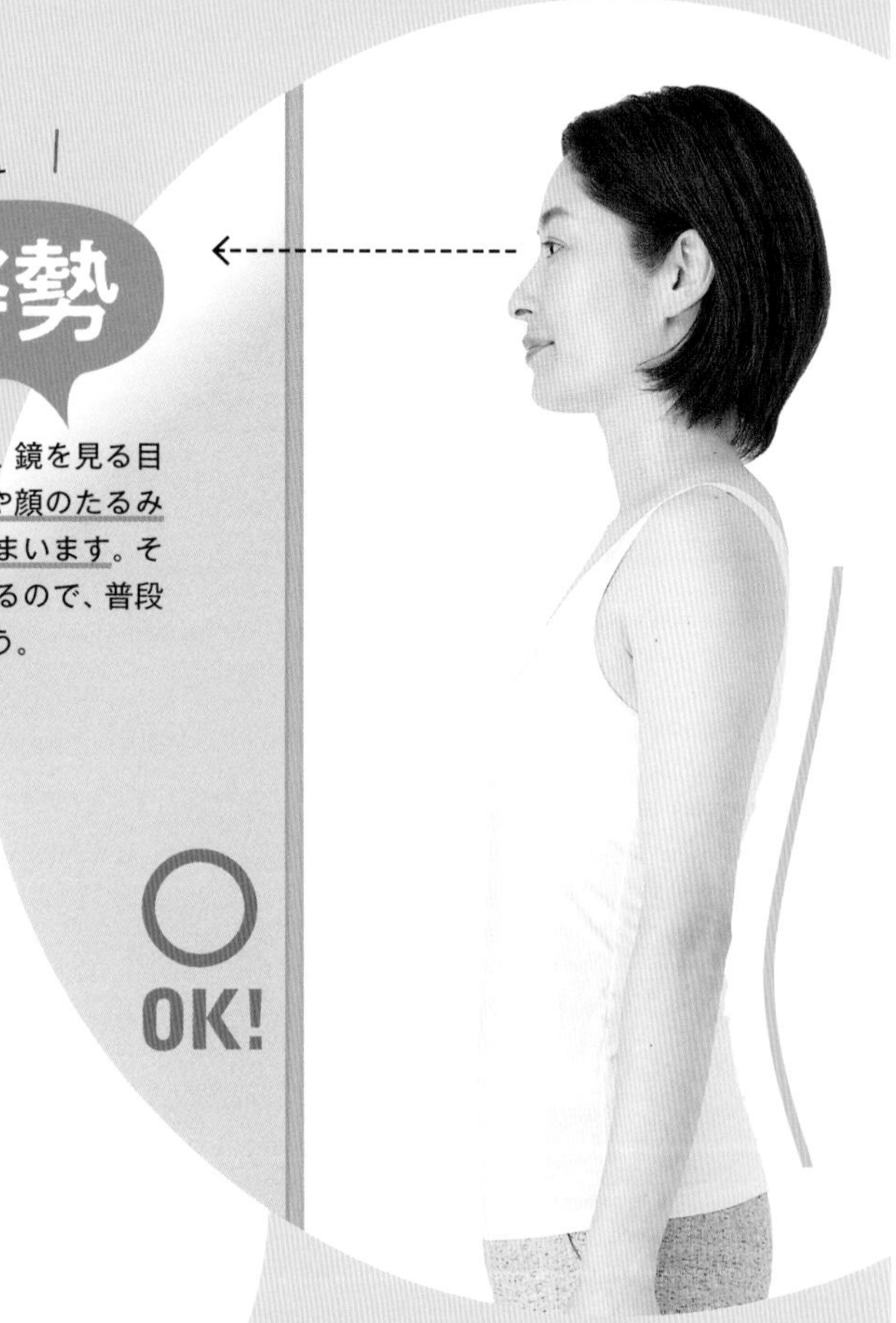

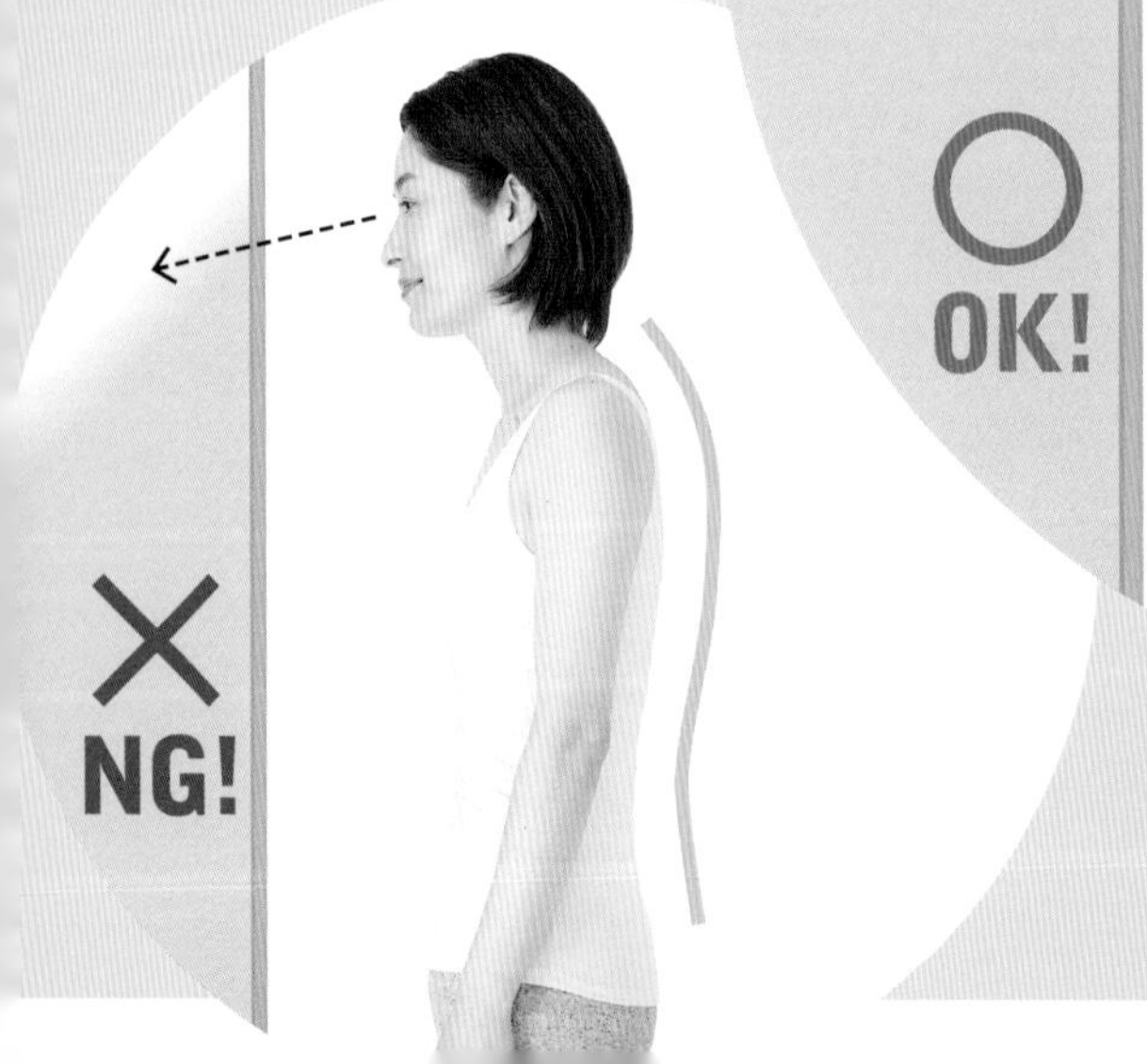

POINT 2

鏡

顔がすべて映る鏡を用意し、顔が真正面に見えるように高さを調節しましょう。そして、自分が正しい部分にアプローチできているかチェックします。鏡を見て、常に自分の顔を意識している人はキレイになれます。

POINT 3

呼吸

呼吸は体内に酸素を取り入れ、スムーズに代謝を行うためにとても重要です。集中するとついつい呼吸を止めがちですが、これは代謝をダウンさせ逆効果。深い呼吸を意識して、しっかり酸素を取り入れながら行いましょう。

POINT 4

楽しく

「今日もやらなくちゃ」と義務感で行うのと「今日もキレイになろう！」と楽しんでやるのでは効果も違ってきます。「美は１日にしてならず」で、続けることが重要。そのためには無理をせず、楽しく行いましょう。

BASIC METHOD

基本の顔筋ほぐし

くすんだ肌にハリとツヤを取り戻し、たるんだ筋肉を引き上げ、フェイスラインをシャープに若々しく。これらをかなえるためには、まずこの基本メソッドを行いましょう。「お悩み別」の前にこれを行うとより効果的です。

① 眼瞼《がんけん》下《か》垂《すい》を食い止め、パッチリ目に ……… P.32/P.34

◎僧帽筋《そうぼうきん》の首の部分、眼輪筋《がんりんきん》、皺眉筋《しゅうびきん》にアプローチ

首のうしろと目のまわりのほぐしは、眼精疲労にも効果があります

---

② ゆるんでくすんだ肌を、弾力あるツヤ肌に …… P.36

◎顔の筋肉全体にアプローチ

軽くたたくタッピングで、弾力とツヤを取り戻しましょう！

---

③ ゆがんだ顔を矯正し、整った小顔に ……………… P.38

◎側頭筋《そくとうきん》、咬筋《こうきん》にアプローチ

大顔から小顔に！　自分でできる小顔矯正メソッド

---

④ ぼんやりむくんだ顔を、スッキリはつらつと …… P.40

◎頬骨筋《きょうこつきん》、側頭筋《そくとうきん》にアプローチ

むくんで大きく見える顔を、スッキリした輪郭の顔に

---

⑤ たるんだフェイスラインを、グッグッと引き上げシャープに ……………………… P.42

◎フェイスライン、口角挙筋《こうかくきょきん》、咬筋《こうきん》、側頭筋《そくとうきん》にアプローチ

フェイスラインをくっきりシャープに、たるみも引き上げる

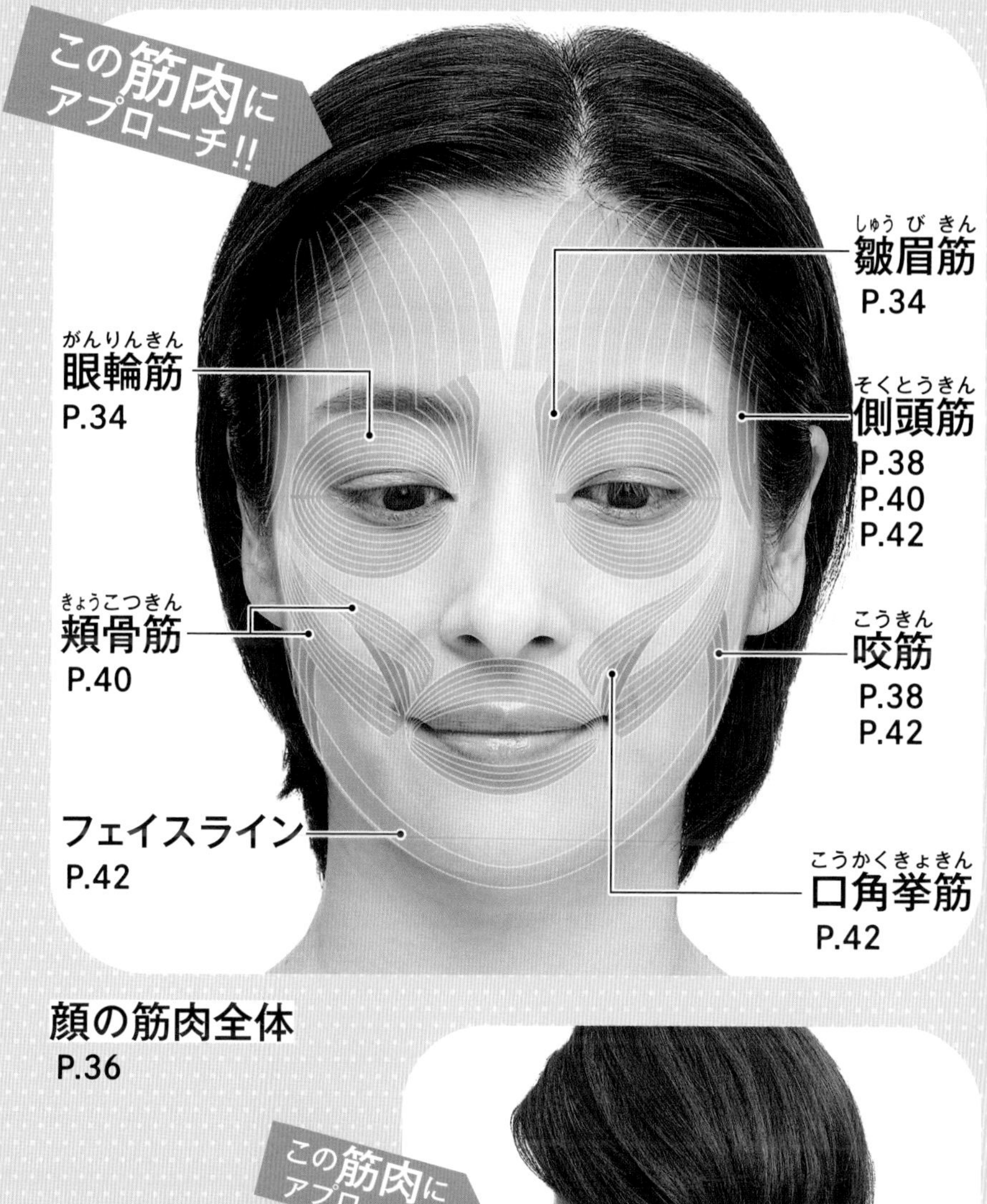
この筋肉にアプローチ!!
皺眉筋《しゅうびきん》
P.34
眼輪筋《がんりんきん》
P.34
側頭筋《そくとうきん》
P.38
P.40
P.42
頬骨筋《きょうこつきん》
P.40
咬筋《こうきん》
P.38
P.42
フェイスライン
P.42
口角挙筋《こうかくきょきん》
P.42

顔の筋肉全体
P.36

この筋肉にアプローチ!!
僧帽筋《そうぼうきん》の
首の部分
P.32

基本の顔筋ほぐし①

首と眼輪筋のほぐしで眼精疲労にも効果あり

眼瞼下垂を食い止め、パッチリ目に①

よくわかる動画！

まぶたが下がって目が小さくなったように感じたり、重く開きにくくなったり。首のうしろや目のまわりの筋肉をほぐして、目をパッチリさせましょう。オフィスで目が疲れたときにもおすすめです。

1 右手2指で首左側の筋肉を2秒圧迫（×2回）

中指と薬指の２指を筋肉に引っ掛け、右に引っ張るようにして２秒間、圧迫します。

POINT
押して「気持ちいいなあ」と思うところを探して

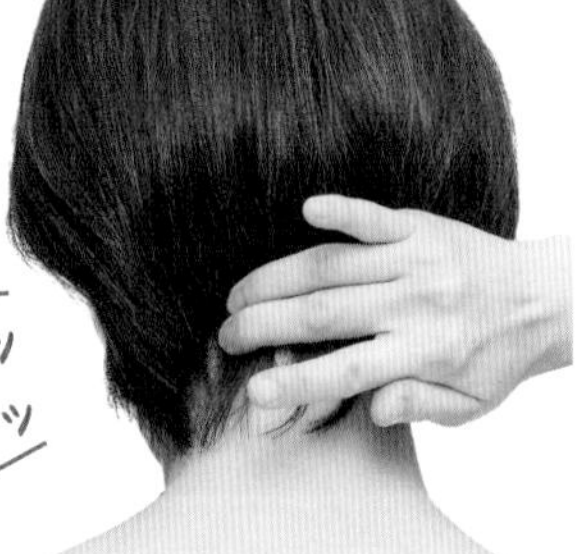

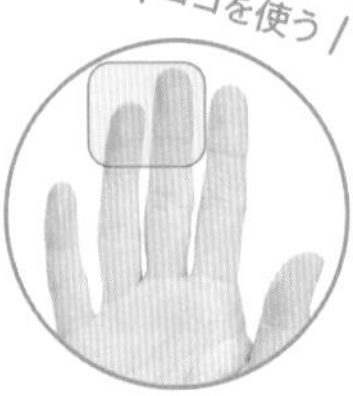

2 2センチ下にずれて2秒圧迫（×2回）

首のラインに沿って、２センチほど下にさがり、同じように２指を筋肉に引っ掛け、右に引っ張るようにして２秒間、圧迫します。

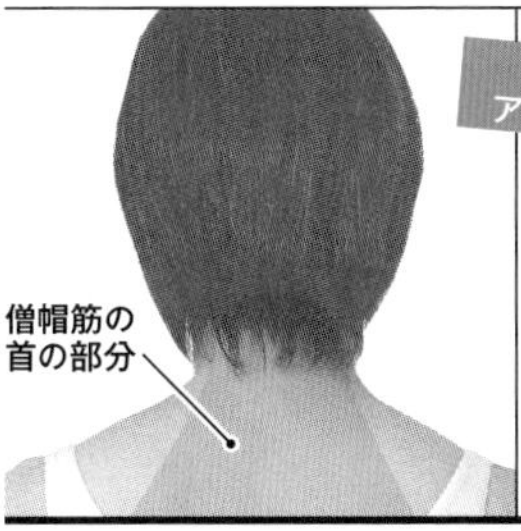

ココにアプローチ!!

僧帽筋《そうぼうきん》の首の部分

スマホやテレビ、パソコンを長時間見ると、筋肉の緊張が強くなるので、首や肩部分の僧帽筋に疲労が溜まります。ここをほぐすことで、眼精疲労が軽減され、目がスッキリして開きやすくなります。

3 さらに2センチ下を2秒圧迫（×2回）

同じ要領で、さらに2センチほど下にさがり、同じように2指で2秒間、圧迫します。

①〜③を
計6回
反対側も
同様に

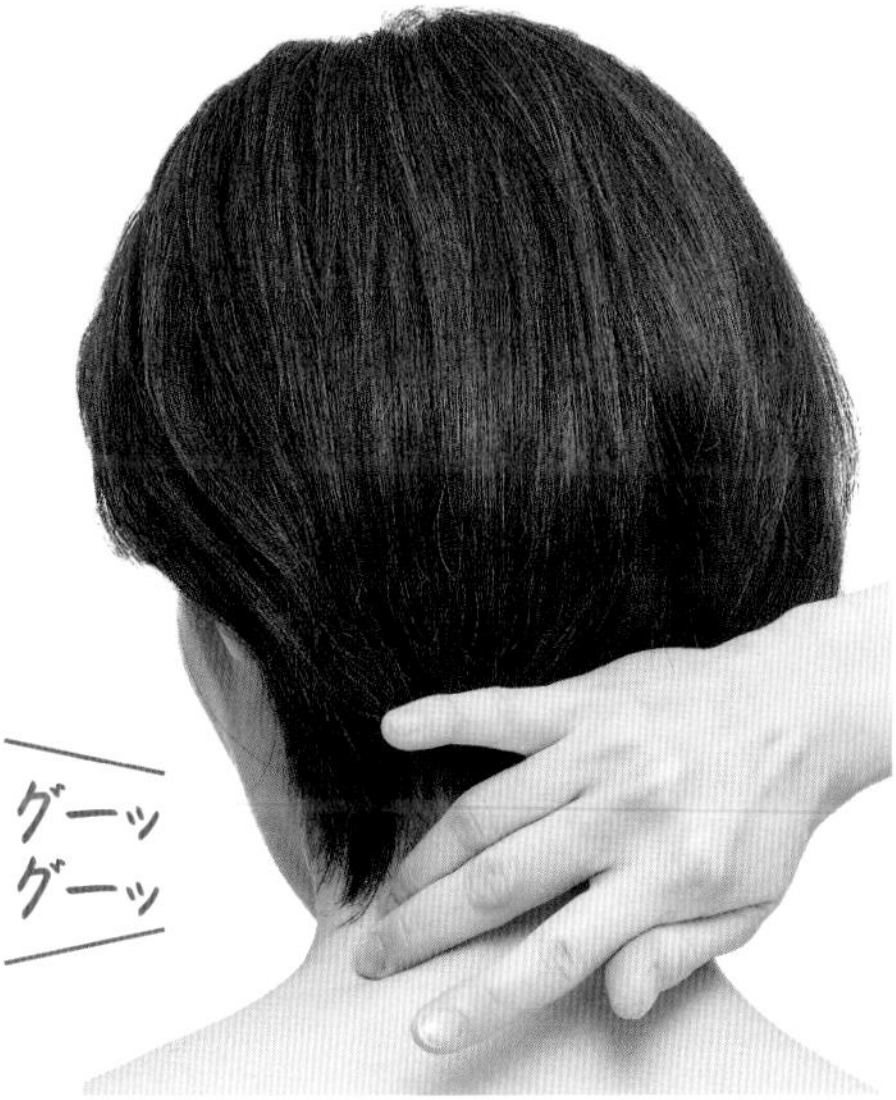

\ むずかしい場合は… /

3’ やりにくい場合はストレッチでもOK

手を首のうしろにまわしにくい場合は、首のストレッチを。首を前に少し倒し、右手で頭の左側に手を添えて、軽く右側に押し、そのまま10秒。左も同じ要領で10秒倒します。

眼瞼下垂を食い止め、パッチリ目に②

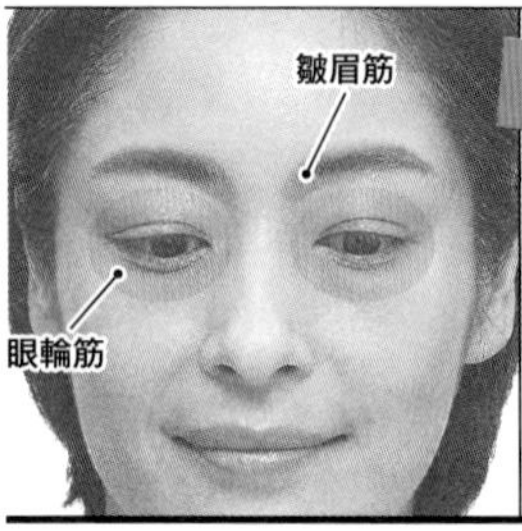

ココにアプローチ!!

眼輪筋《がんりんきん》、皺眉筋《しゅうびきん》

眼輪筋は目のまわりを取り囲んでいる筋肉で、まぶたの開け閉めもしています。ここが疲れてくると目が開きにくくなります。皺眉筋は眉間にシワをつくるときに使う筋肉。使いすぎると目が疲れやすくなります。

4 3指を眉の下のくぼみに当てる

人差し指、中指、薬指の指腹を眉の下のくぼみの部分に当てます。

ココを使う

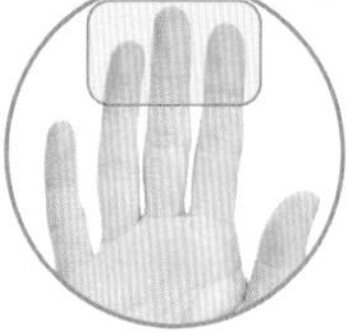

人差し指、中指、
薬指の指腹

5

引き上げながら3秒圧迫（×3回）

額のほうに引き上げ、そのまま３秒間、力を入れて圧迫します。

④～⑤を
3回

＼ 爪の長い人は人差し指で ／

4’

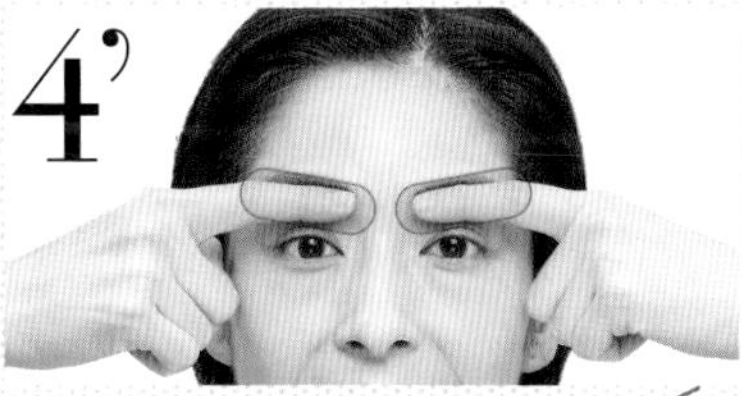

5’

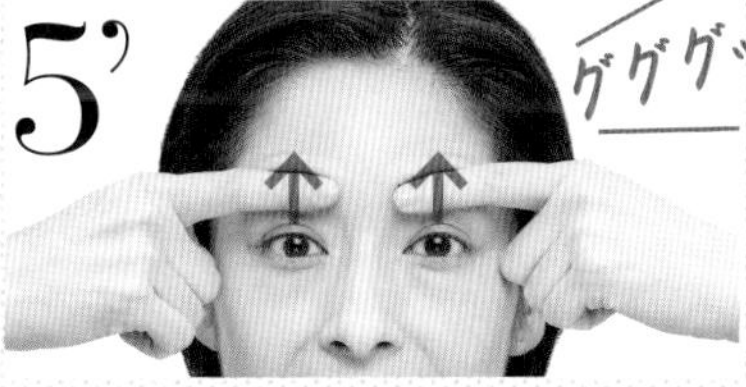

人差し指を眉の下のくぼみに当てる

爪が長くて気になる人は、人差し指を寝かせるようにして、眉の下のくぼみに当てて、同じように額のほうに引き上げ３秒間、力を入れて圧迫します（×３回）。

軽くたたくタッピングで、弾力とツヤを取り戻しましょう!

ゆるんでくすんだ肌を、弾力あるツヤ肌に

よくわかる
動画!

肌のゆるみやくすみは老け顔の原因に。肌をタッピングで軽く刺激して、細胞の活性化と代謝のアップをめざすメソッド。代謝がアップしてくると、顔がポカポカしてきます。

1 左右の4指を口角の下に当てる

両手の人指し指、中指、薬指、小指の４指を、スタート地点である口角の下あたりに当てます。

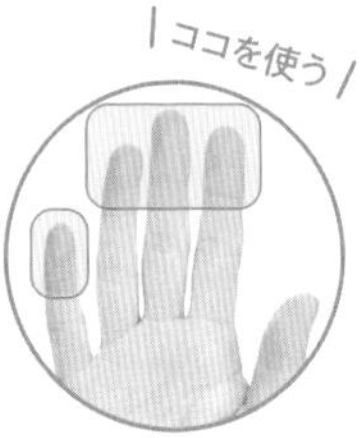

人差し指、中指、薬指、小指の指腹

①〜②を
6回

2 目の下まで移動しながら軽く8回たたく

目の下付近まで、少しずつ上に移動しながら、トントンと８回、たたきます。
自分が気持ちいいと感じるぐらいの強さでOK。

ココにアプローチ!! **顔の筋肉全体**

「ここ」というパーツというより、肌全体に元気がないときは、顔の広い範囲に刺激を与え、活性化します。

3 左右4指を眉の上に当てる

両手の人指し指、中指、薬指、小指の４指を、スタート地点である眉の上に当てます。

③〜④を
6回

4 生え際まで移動しながら軽く4回たたく

生え際あたりまで、少しずつ上に移動しながら、トントンと４回、軽くたたきます。自分が気持ちいいと感じるぐらいの強さでOK。

POINT

指を広げて軽くたたく「タッピング」

指の腹を使い、肌の上でトントンと弾ませるように軽くたたく「タッピング」。指は揃えず、ふんわりと卵を持つようなカタチにして行います。

基本の顔筋ほぐし③

大顔から小顔に!　自分でできる小顔矯正メソッド

ゆがんだ顔を矯正し、整った小顔に

よくわかる動画!

プロポーションのバランスが良くなる小顔は、誰もがあこがれますが「自分で小さくするのは無理」とあきらめていませんか？　顔の筋肉を正しい位置に戻せば、顔のゆがみが取れ、小顔矯正が可能です。

※動画は右こめかみと左咬筋部から始めています。左右どちらから始めてもＯＫです。

1 左こめかみと右咬筋部を同時に6回押し込む

左のこめかみ部分に左手の手根を当てて固定し、右頬下の咬筋部に右手の手根を当てて、内側に６回押し込みます。

①を
6回
反対側も
同様に

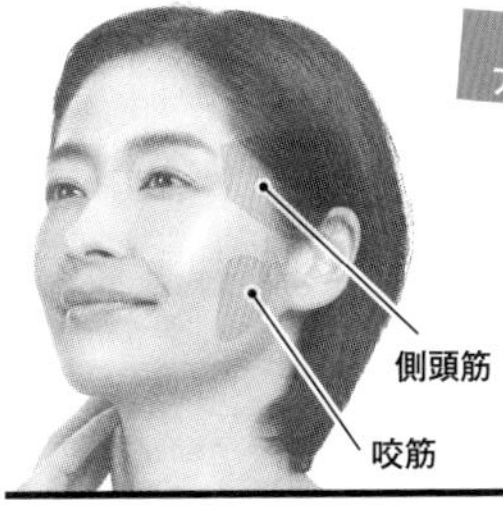

ココにアプローチ!!

側頭筋《そくとうきん》、咬筋《こうきん》

生え際から頭の側面に広がる側頭筋は、顔のたるみやほうれい線にも関係しています。咬筋は頬下に手を当て、奥歯を噛みしめたときにポコッと盛り上がる部分です。

2 咬筋部に手根を当て、3回円を描く

左右の頬下の咬筋部に手根を当てて、強めの力でグルグルと3回、円を描くようにマッサージ。

②〜③を
3回

3 こめかみまで引き上げて3秒固定

こめかみ部分まで引き上げて3秒間、固定します。

基本の顔筋ほぐし④

むくんで大きく見える顔を、スッキリした輪郭の顔に

ぼんやりむくんだ顔を、スッキリはつらつと

よくわかる
動画！

むくんでいる顔は、血液がきちんと届かず、リンパが滞っている証拠です。老廃物を流してスッキリさせ、同時にたるみも引き上げましょう！

1 両手4指先をあごに当てる

人差し指から小指までをスタート地点のあごに当てます。

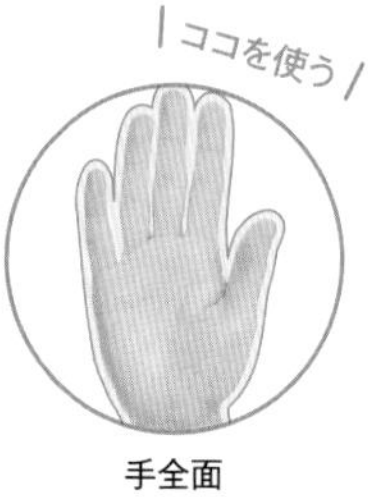

2 手を密着させながら、ほうれい線の上を通る

手を顔に密着させながら、ほうれい線の上を通ります。

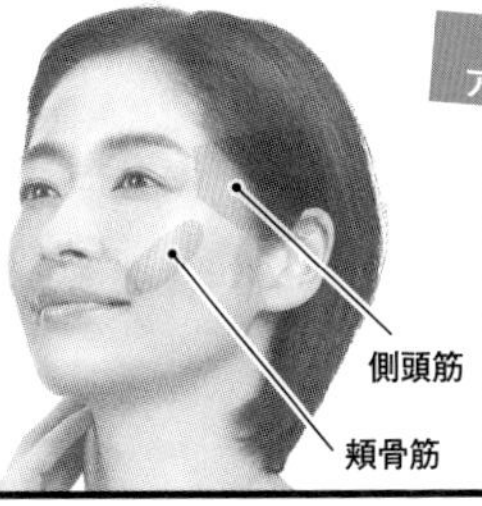

ココにアプローチ!!

頬骨筋《きょうこつきん》、側頭筋《そくとうきん》

口角や上くちびるを引き上げている大小の頬骨筋と、顔のたるみやほうれい線に関係する側頭筋にアプローチ。老廃物を集めて、流してしまうようなイメージで。

3 頬骨下のくぼみを横方向へ

頬骨下のくぼみの位置まできたら、耳の方向へ。生え際までいきます。

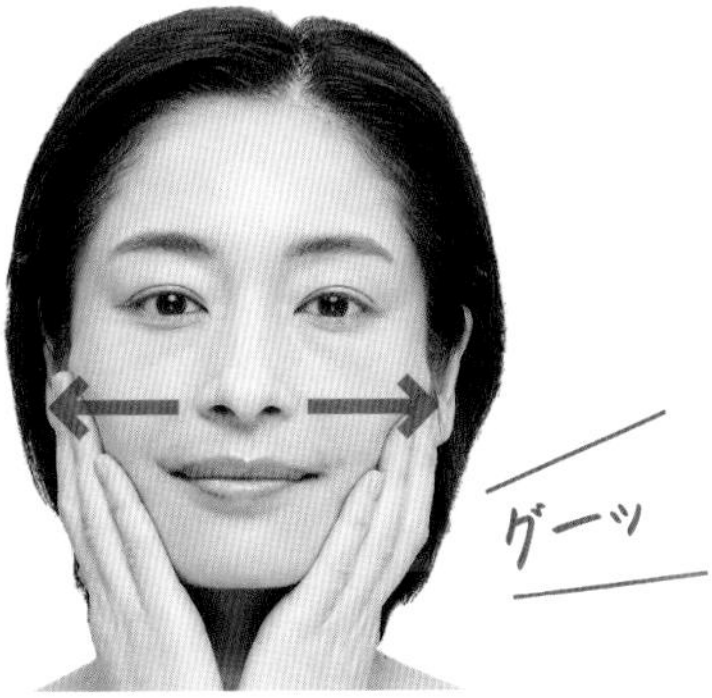

4 上方向へ引き上げ、きつね顔をつくり3秒固定

上方向へ引き上げ、密着させながらきつね顔をつくり、手根を肌につけて押し込むようにして３秒間、固定します。血液やリンパの流れを止めるようなイメージで。

①〜⑤を
3回

5 両手を一気にはなす

止めた流れを解放するように、両手を一気にはなします。

基本の顔筋ほぐし⑤

フェイスラインをくっきり、たるみも引き上げる

たるんだフェイスラインを、グググッと引き上げシャープに

よくわかる
動画！

顔全体のたるみは老け顔の代表格。フェイスラインから上にしっかり引き上げるメソッドで、たるみを解消し、リフトアップしましょう！

＼ココを使う／

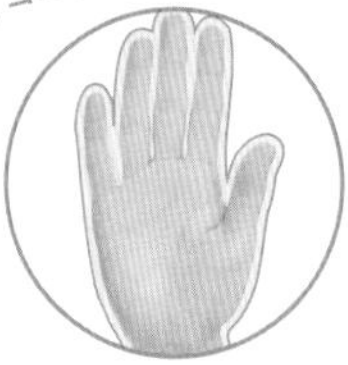

手全面

グッ

1 頬骨の下に3指を当てる

頬骨の下のくぼみのところに人差し指、中指、薬指の指腹を当てます。

グリグリ
グリグリ

2 グリグリと4回円を描く

イタ気持ちいいぐらいの強さでグリグリと4回、円を描くようにマッサージ。

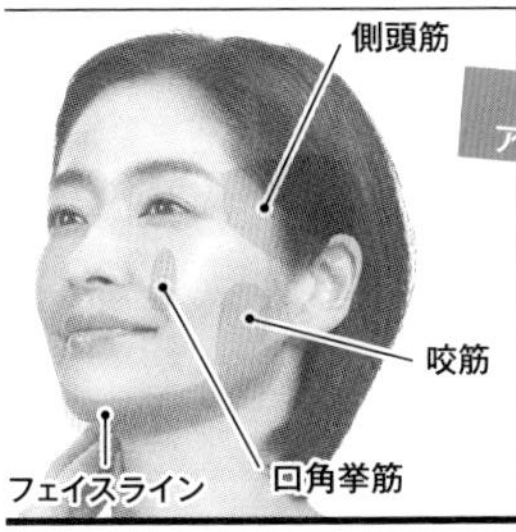

ココにアプローチ!!

フェイスライン、口角挙筋《こうかくきょきん》、咬筋《こうきん》、側頭筋《そくとうきん》

たるみが目立ちやすいフェイスライン、口角を上にあげている口角挙筋や動かすことの多い咬筋、側頭筋にアプローチして、たるみを解消します。

3 咬筋部を強めに4回円を描く

咬筋部に人差し指、中指、薬指の指腹を当て、強めの力でグリグリと4回、円を描くようにマッサージ。

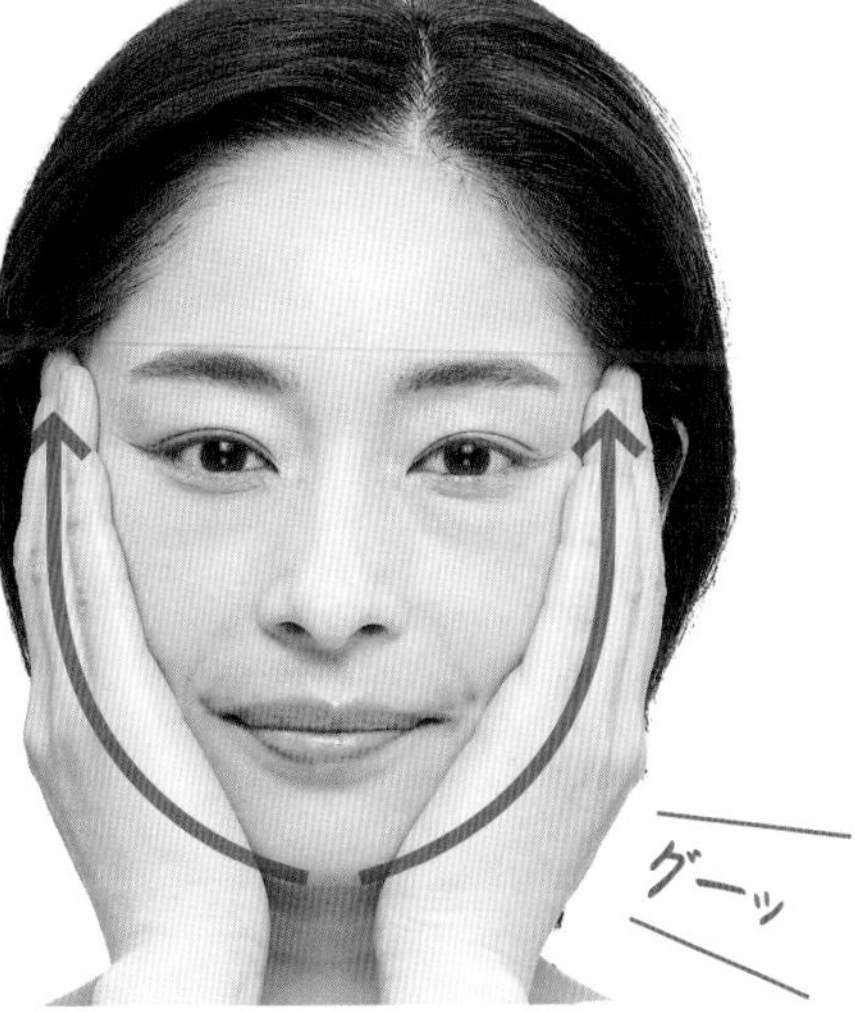

4 あごからフェイスラインに沿ってこめかみ方向へ引き上げる

両手の手根を密着させて、あごからフェイスラインの外側に沿って、こめかみのほうへゆっくり引き上げます。

①〜⑤を
3回

5 止まらずに耳の上を抜ける

こめかみを通り、そのまま止まらずに耳の上まで抜けます。

UPPER HALF METHOD

上半顔のお悩み解消

パッチリ開いた目にシワのない目もとは女性のあこがれ。眼瞼下垂や目もとのシワ、そのまわりの眉間やおでこ、ゴルゴラインにできるシワを消すために、筋肉をしっかり引き上げましょう。

この筋肉にアプローチ!!

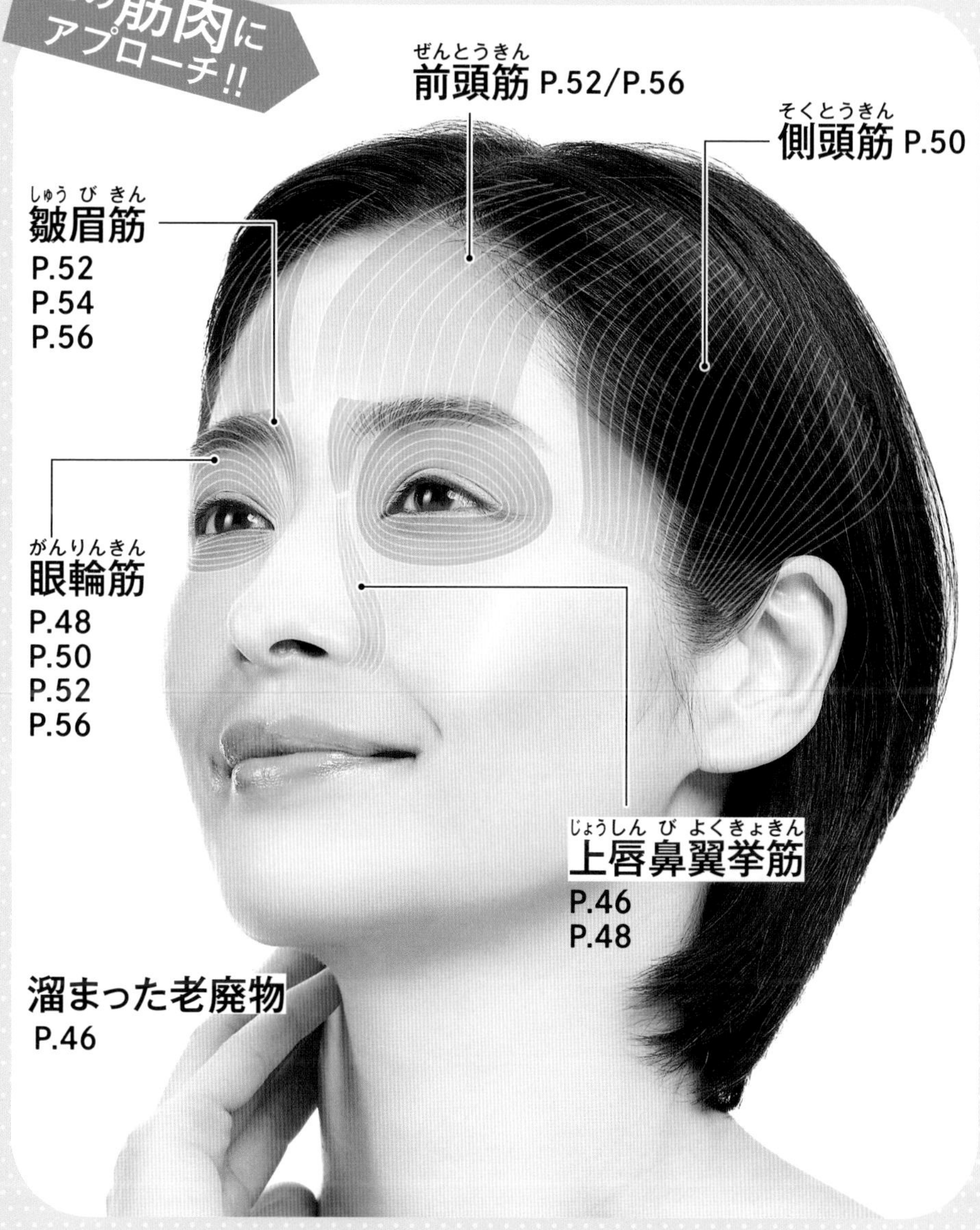

前頭筋《ぜんとうきん》 P.52/P.56
側頭筋《そくとうきん》 P.50
皺眉筋《しゅうびきん》
P.52
P.54
P.56
眼輪筋《がんりんきん》
P.48
P.50
P.52
P.56
上唇鼻翼挙筋《じょうしんびよくきょきん》
P.46
P.48
溜まった老廃物
P.46

上半顔のお悩み解消①

「ゴルゴ13」の斜め線がネーミングの由来

ゴルゴラインをなくす

よくわかる動画！

目頭の下から頬のほうに斜めにあらわれるゴルゴラインは、ミッドチークラインとも呼ばれています。このラインが目立つと疲れた顔に見えるので、早めの対策を！

1 小鼻横と目頭の中央に3指を当てる

人差し指、中指、薬指を目頭と小鼻の真ん中付近に当てます。

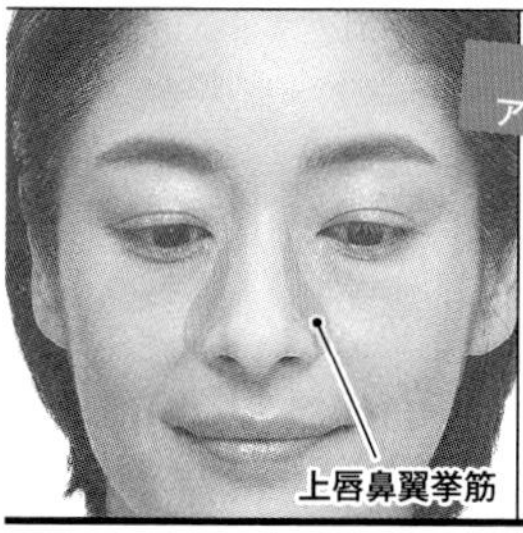

ココに
アプローチ!!

上唇《じょうしん》鼻《び》翼《よく》挙《きょ》筋《きん》、溜まった老廃物

小鼻と上くちびるを引き上げるときに動く上唇鼻翼挙筋を刺激し、下まぶたの代謝が悪くなって溜まる老廃物を流すことで、ゴルゴラインを目立たないようにします。

2 ゆっくり強めに4回円を描く

強めの力でゆっくりと、グルグルと４回、円を描くようにマッサージします。

①～③を
3回

3 3秒圧迫する

円を描いたら元の位置で３秒間、圧迫します。圧迫して痛みを感じる人ほど、老廃物が溜まっています。

上半顔のお悩み解消②

目の下のくぼみをふっくらさせて引き上げる

下まぶたのたるみ・くぼみをなくす

よくわかる動画！

下まぶたがたるんだり、くぼんでくると、目のまわりに陰影ができてクマが目立ち、いつも寝不足のような顔に見えてしまいます。下まぶたを若々しい印象に改善しましょう！

1 両手の人差し指を小鼻の横に沿わせる

人差し指を横に寝かせるように顔のカーブに沿わせて、小鼻の横にピッタリ密着させます。

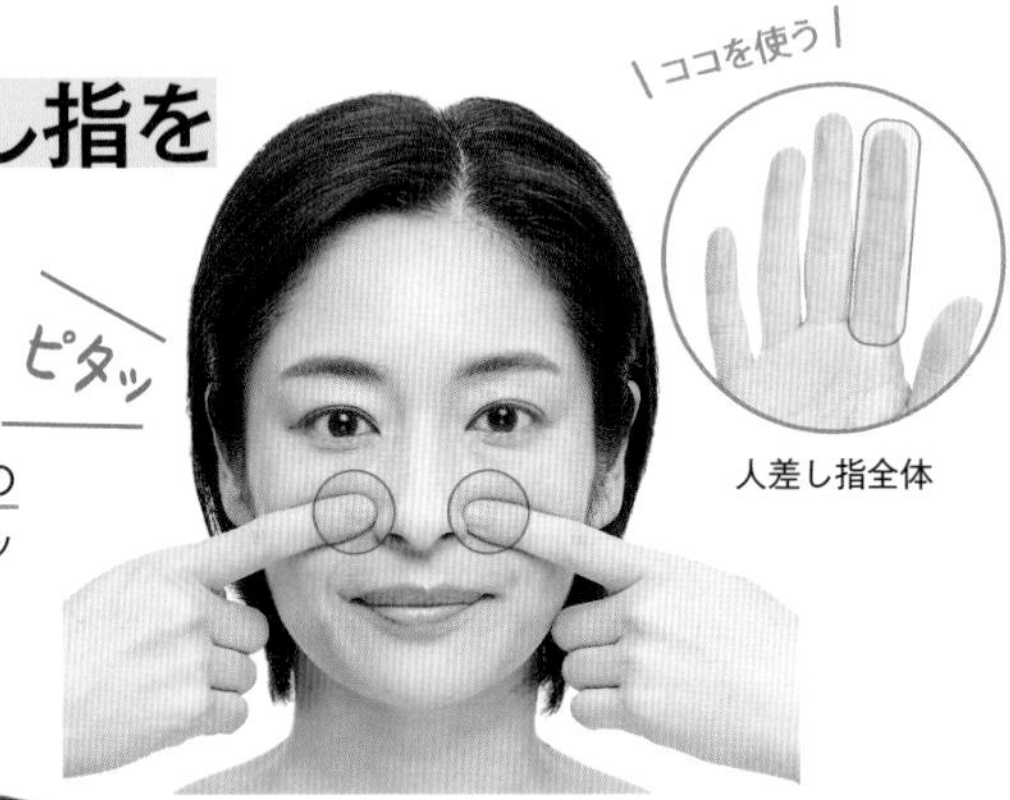

2 目の下のくぼみまでゆっくり引き上げる

目の下のくぼみ部分まで、ゆっくりと軽い力で引き上げます。

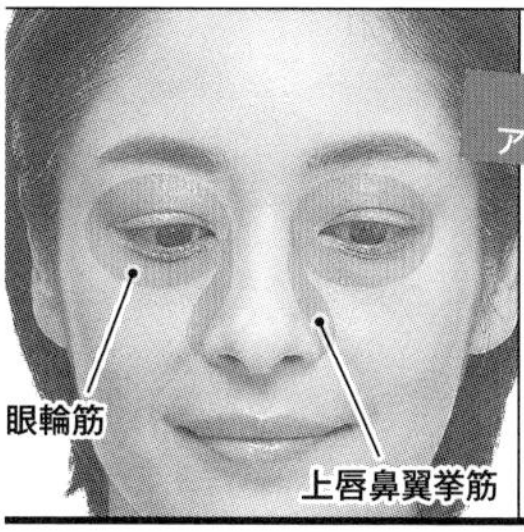

ココにアプローチ!!

上唇鼻翼挙筋《じょうしんびよくきょきん》、眼輪筋《がんりんきん》

目のまわりの眼輪筋と、小鼻と上くちびるにつながる上唇鼻翼挙筋を刺激。たるみの原因のひとつになる脂肪を引き上げ、老廃物を流します。

3 目尻まで やさしく引き上げ 3秒固定

目の下のくぼみまできたら、目尻のほうに向かって、やさしく引き上げ、目尻を引き上げた状態で3秒間、固定します。

①〜③を
3回

上半顔のお悩み解消③

自分では気づきにくいのに、他人にはしっかり見えてしまう

目尻のシワをなくす

よくわかる動画！

笑ったり、表情を変えたときに目尻にあらわれるシワ。年齢が最も出やすいところです。深いシワになってしまう前に、しっかりケアして目立たないようにしましょう。

1 3指を目尻横に当てる

人差し指、中指、薬指の指腹を目尻の横に当てます。

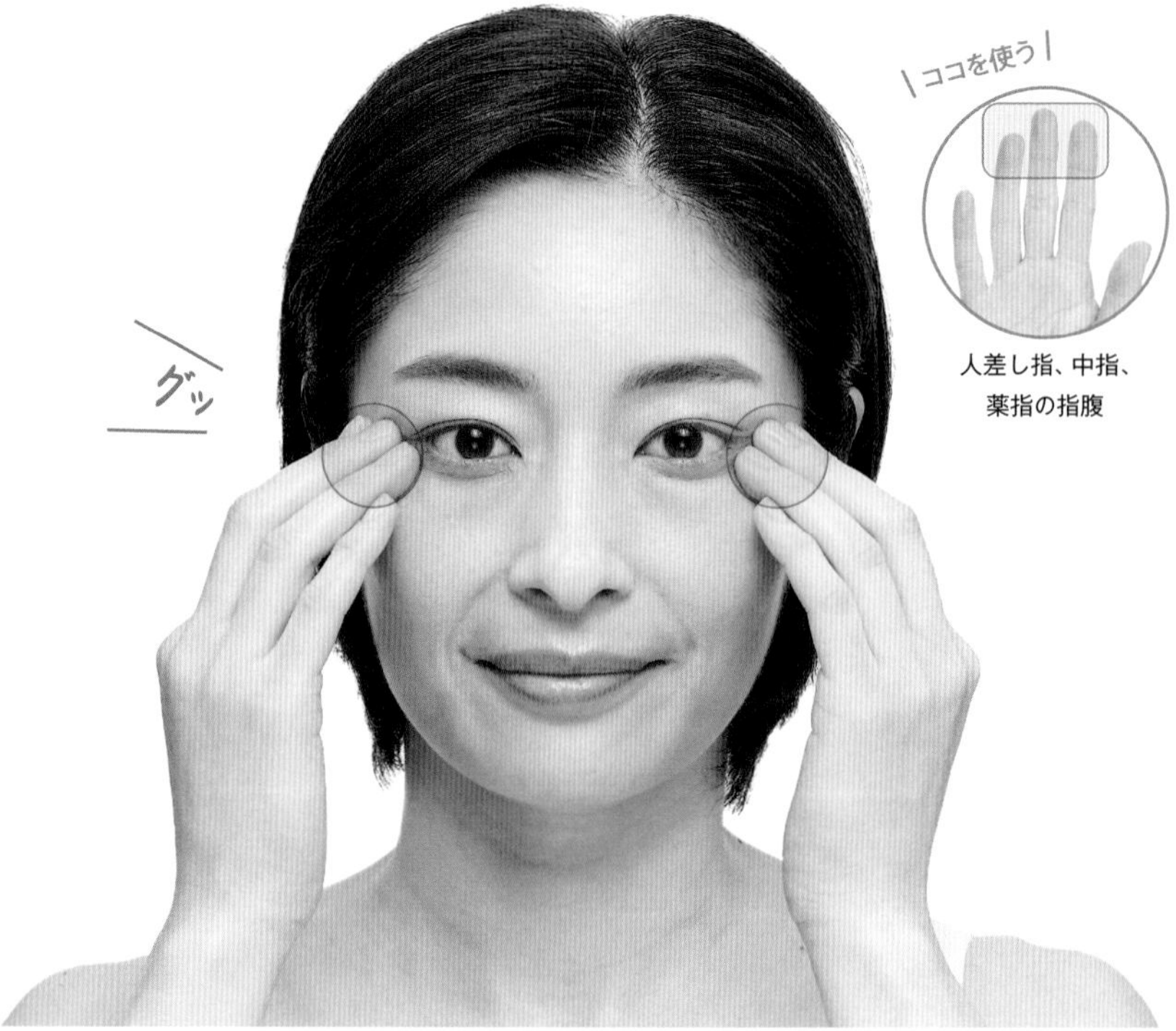

人差し指、中指、薬指の指腹

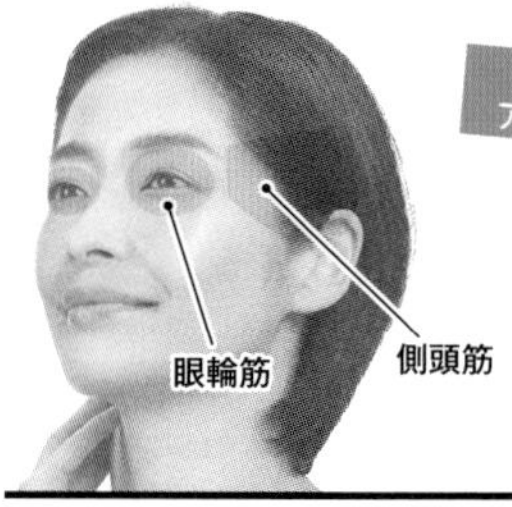

ココに アプローチ!!

眼輪筋《がんりんきん》、側頭筋《そくとうきん》

目尻を支える頭の横側の大きな筋肉、側頭筋を引き上げて、目のまわりの筋肉である眼輪筋を柔軟に保ち、シワを改善します。

2 引き上げるように、強めの力で3回円を描く

目尻を引き上げるように意識しながら、強めの力でグリグリと3回、円を描くようにマッサージ。

①～③を
3回

3 髪の生え際まで引き上げる

髪の生え際まで、グッと引き上げます。目をつるような気持ちで。

上半顔のお悩み解消④

老け見えだけでなく、目・肩・首こりなどの弊害も

眼瞼下垂、上まぶたのたるみを取る

よくわかる
動画!

まぶたを支える組織と持ち上げる筋肉のつながりが弱まって、動きが悪くなるために起こる眼瞼下垂や、上まぶたのたるみ。まぶたの周辺と前頭筋を引き上げるメソッドで解消しましょう。

1 人差し指を眉下にピッタリ沿わせる

人差し指を寝かせるようにして、眉の下部分にピッタリ沿わせます。

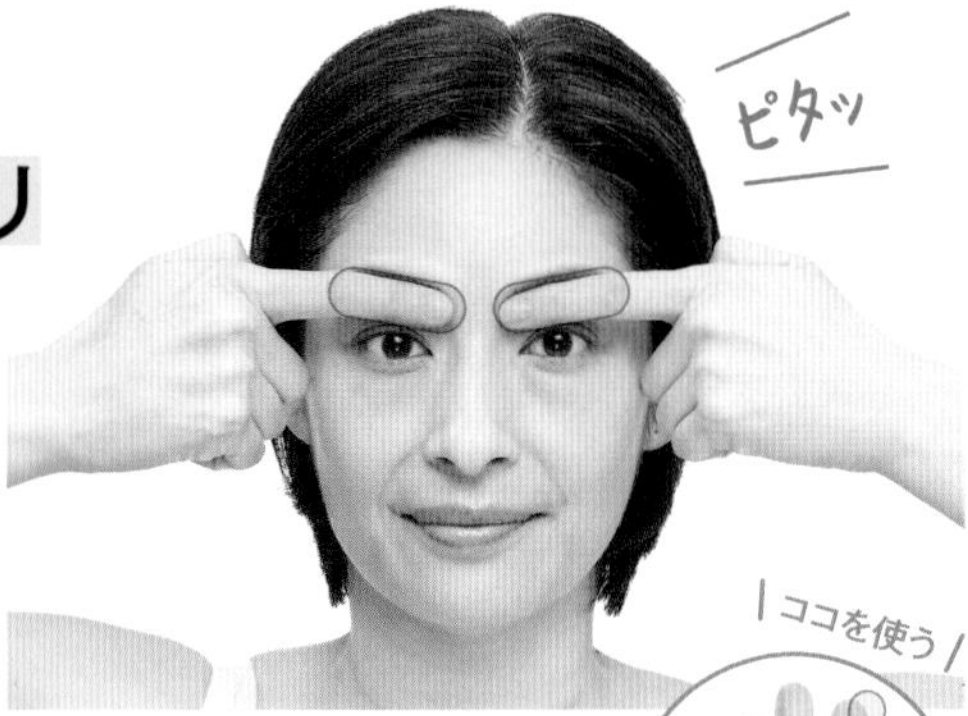

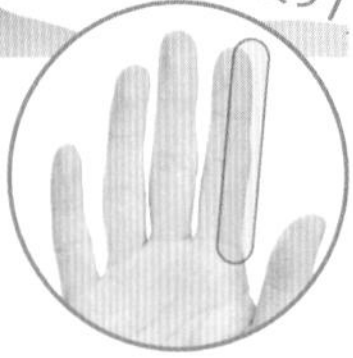

人差し指の
内側全体

2 ゆっくり強めの力で引き上げる

まっすぐ上方向にゆっくり引き上げます。額のシワをのばすような気持ちで、力は強めに。

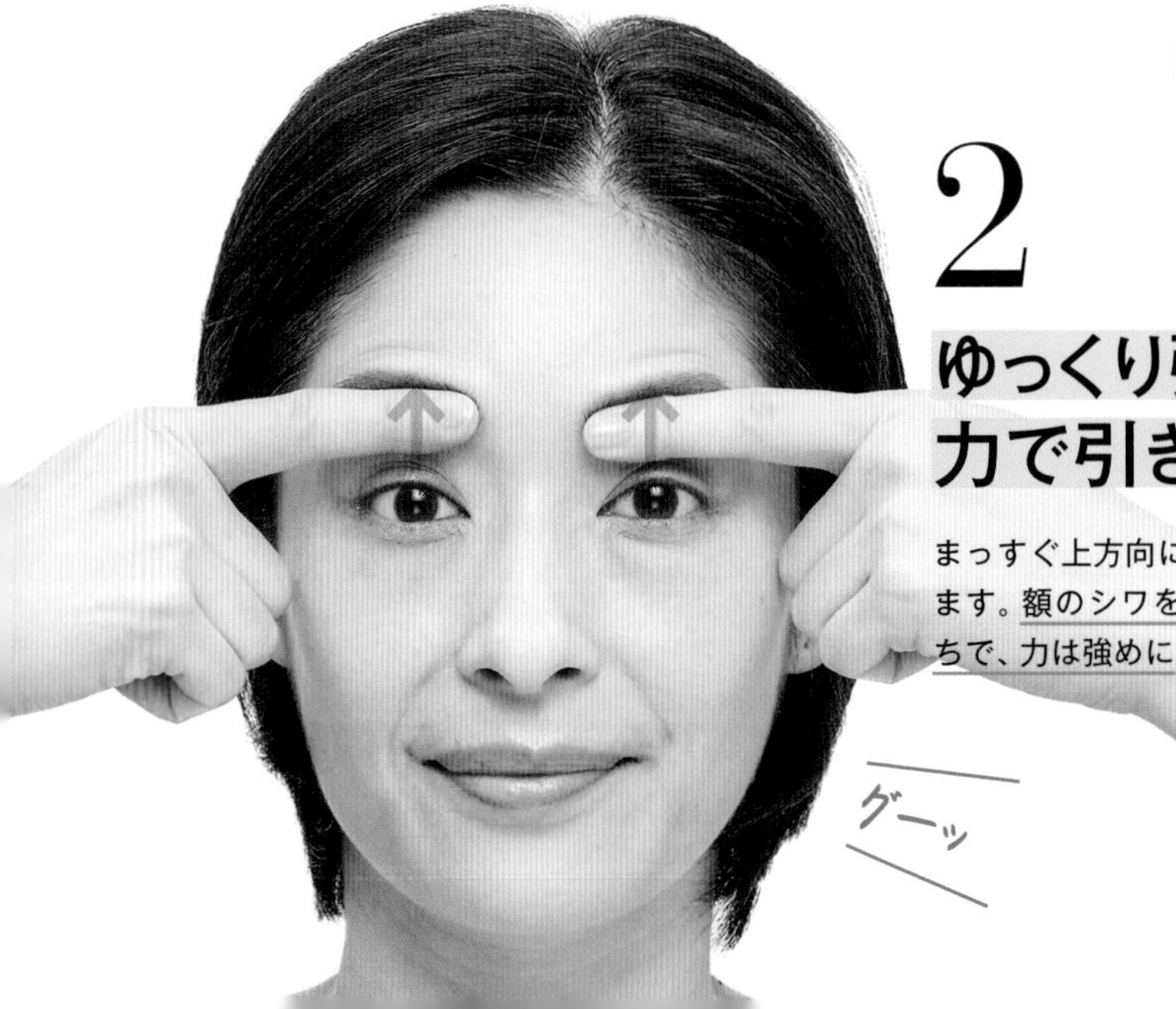

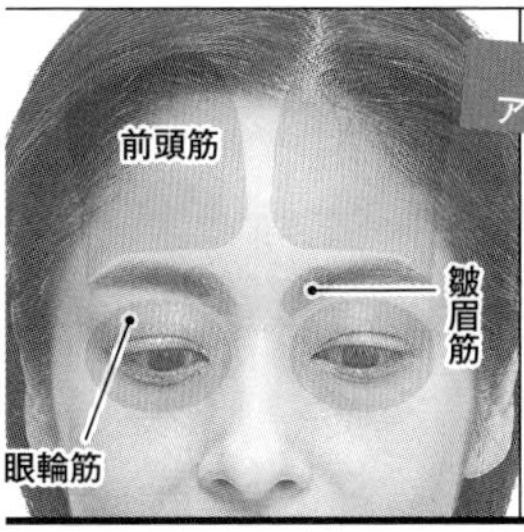

ココにアプローチ!!

眼輪筋《がんりんきん》、皺眉筋《しゅうびきん》、前頭筋《ぜんとうきん》

まぶたのまわりにある眼輪筋、眉を動かす皺眉筋と前頭筋を引き上げて、眼瞼下垂、上まぶたのたるみを解消します。目がしっかり開くと、疲れにくくなるという効果も期待できます。

3 髪の中2センチ付近で3秒固定

髪の中、2センチぐらい入ったところまで引き上げ、そのまま3秒間、固定します。

上半顔のお悩み解消⑤

しかめっ面に見えてしまう

眉間のシワを消す

よくわかる動画！

むずかしいことを考えたり、疲れているとき、知らないあいだに眉間にシワを寄せていませんか？　それがそのまま深くなってしまうと大変！　眉まわりの筋肉を柔軟にして、今のうちに解消を！

※動画は左手から始め、左右交互に行っていますが、左右どちらから始めてもＯＫです。

1 あごを上げて目と額の筋肉をゆるめる

あごを上げると、目と額の筋肉がゆるんだ状態になります。

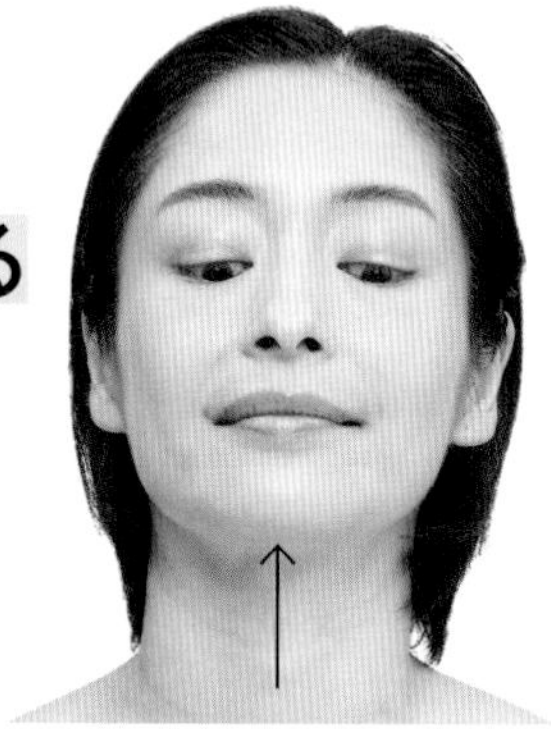

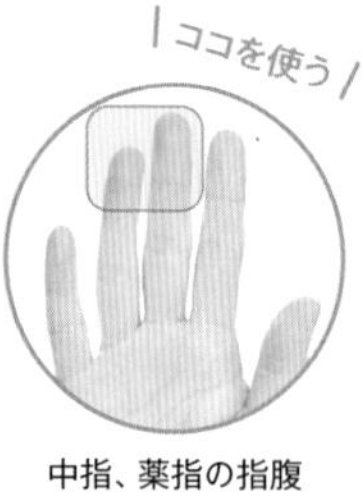

中指、薬指の指腹

2 左眉頭の横に2指を当てる

右手の中指と薬指を左眉頭の横に当てます。

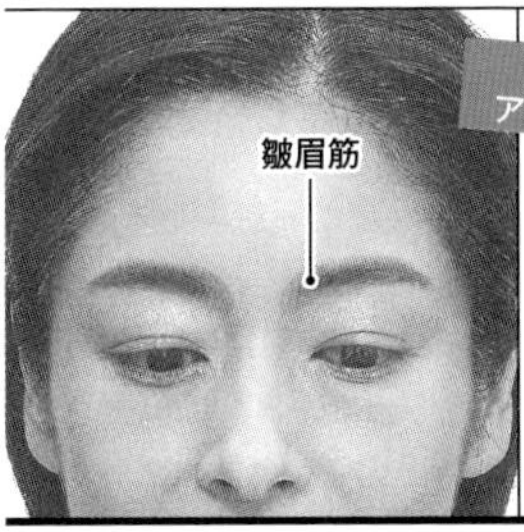

ココにアプローチ!!

皺眉筋《しゅうびきん》

眉間にシワをつくる筋肉が皺眉筋で、特に縦ジワをつくります。ここがこりかたまると、つくったシワが元に戻らず、そのまま刻まれてしまいます。皺眉筋を柔軟にするメソッドで対応しましょう。

3 半円を描くように強く引き上げる

半円を描くように強めの力で、引き上げます。シワを広げるように押し込んで引き上げるのがポイント。

①〜④を
左右交互に
計6回

4 生え際まで引き上げる

そのまま力を入れて、生え際まで引き上げます。右側を終えたら、左手で左側も同様に。

上半顔のお悩み解消⑥

いちばん目立つ深いシワ

おでこのシワをなくす

よくわかる動画！

年齢とともにできるイヤなシワの代表格。おでこの広い範囲にあらわれるので、目立つのが悩ましいところ。前頭筋の引き上げで解消しましょう！

1 あごを上げて目と額の筋肉をゆるめる

あごを上げると、目と額の筋肉がゆるんだ状態になります。

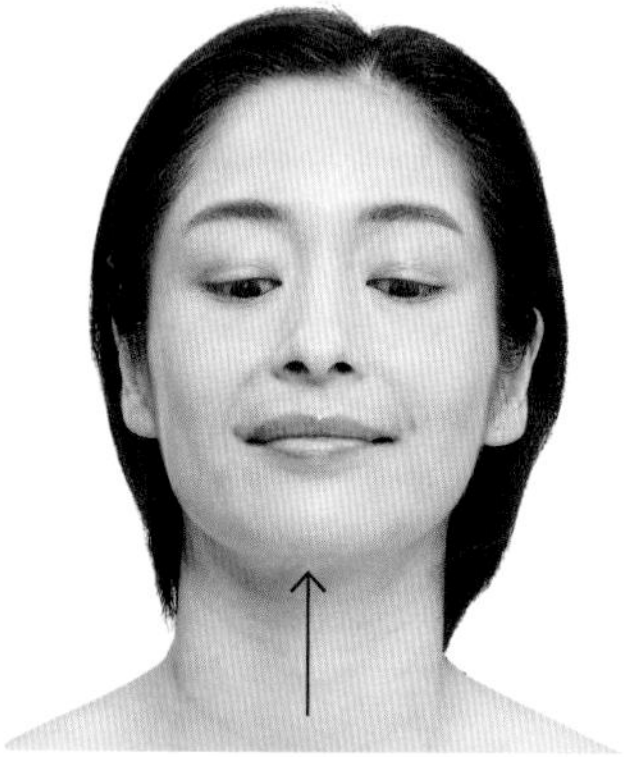

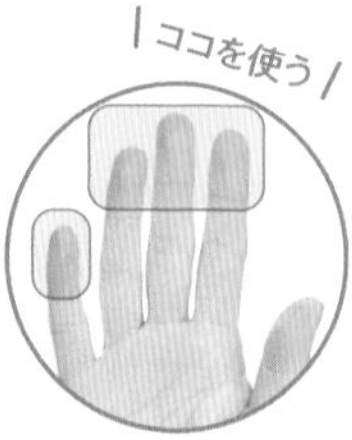

人差し指、中指、薬指、小指の指腹

2 4指を眉に沿わせる

人差し指、中指、薬指、小指の指腹を眉に沿わせます。

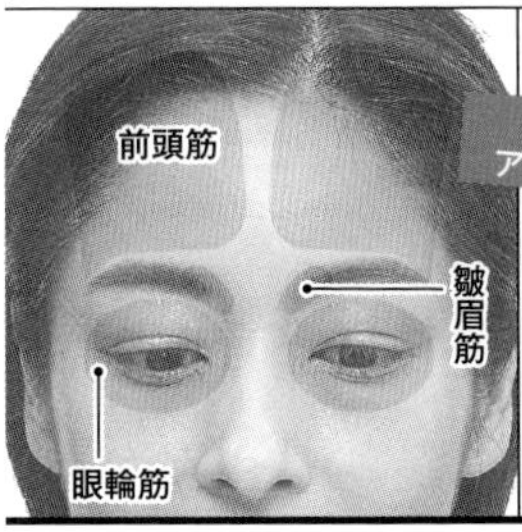

ココにアプローチ!!

眼輪筋《がんりんきん》、皺眉筋《しゅうびきん》、前頭筋《ぜんとうきん》

眼輪筋、皺眉筋といったおでこにつながる筋肉と、おでこの筋肉そのものである前頭筋を引き上げます。

3 強めの圧で頭のほうへ引き上げる

強めの圧をかけながら、ゆっくりと頭のほうへ引き上げます。

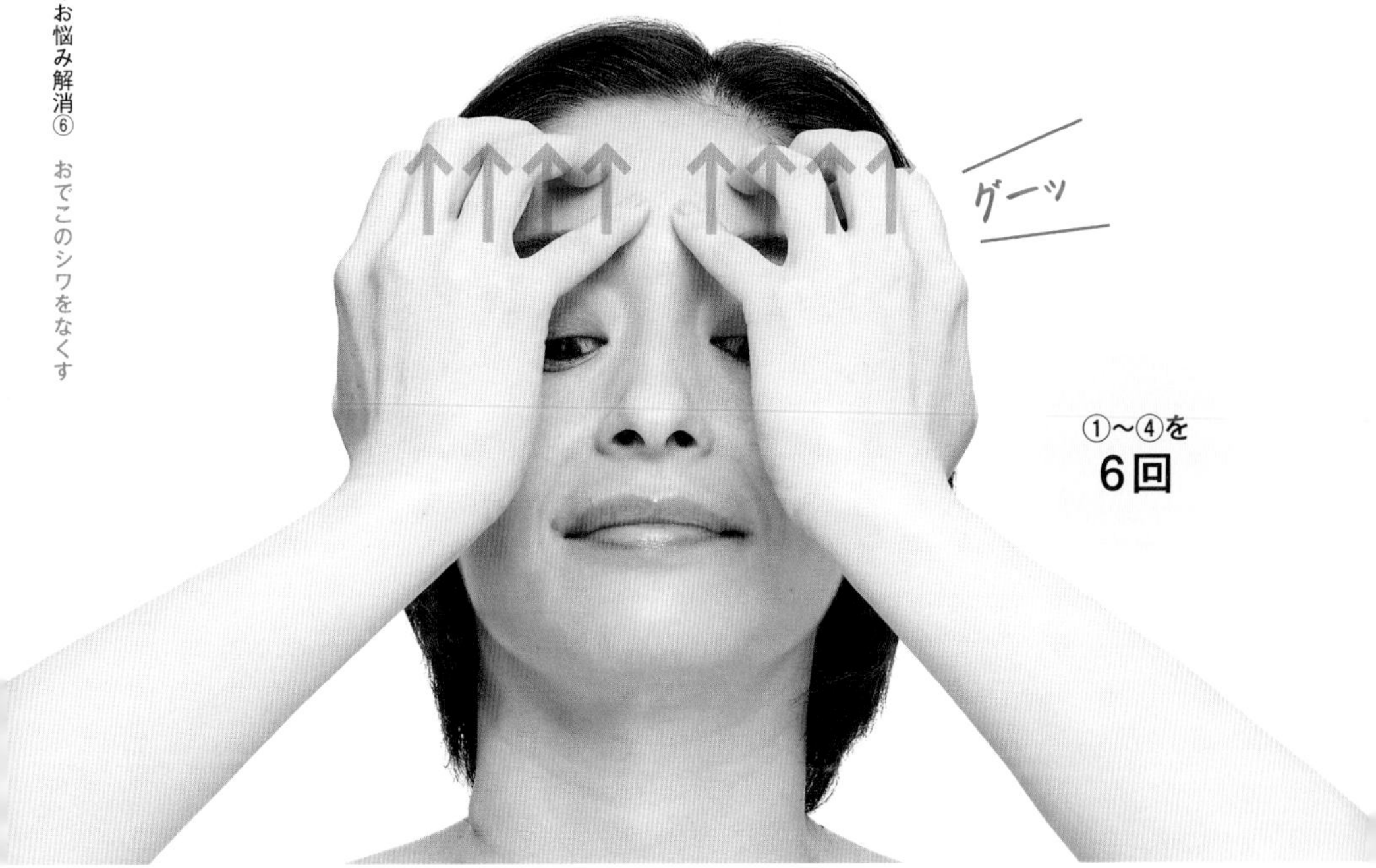

①～④を
6回

4 頭のうしろまで流す

髪をかき上げて、頭のうしろのほうまで流し、すっと手を抜きます。

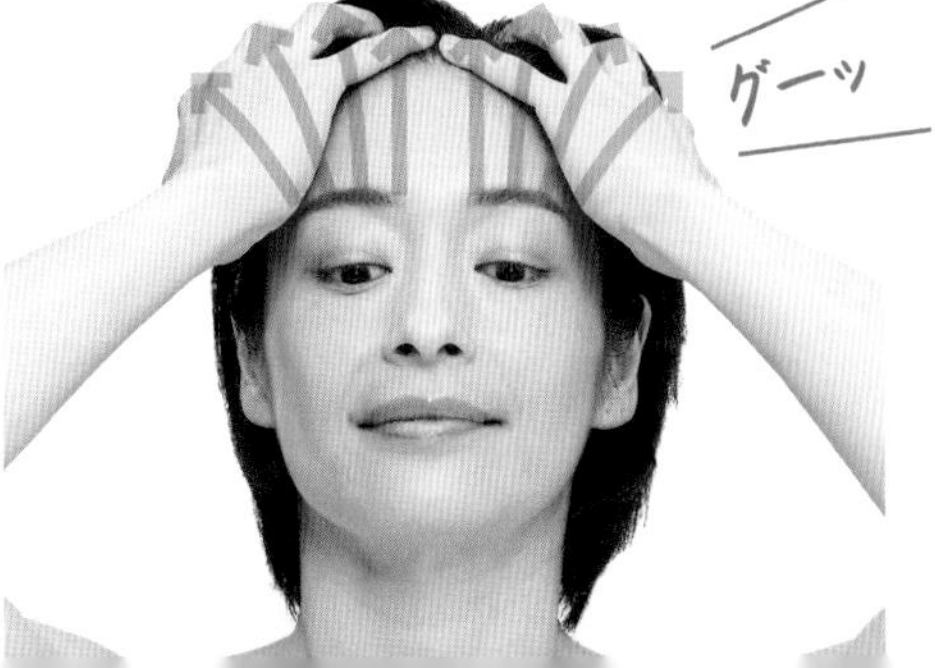

LOWER HALF METHOD

下半顔のお悩み解消

マスクをしている機会が増えて、緊張感がなくなった口やあごまわりなどの下半顔は要注意！　あごのたるみやほうれい線など、気づかないあいだにひどくなっている可能性も。しっかりお手入れをしましょう。

この筋肉にアプローチ!!

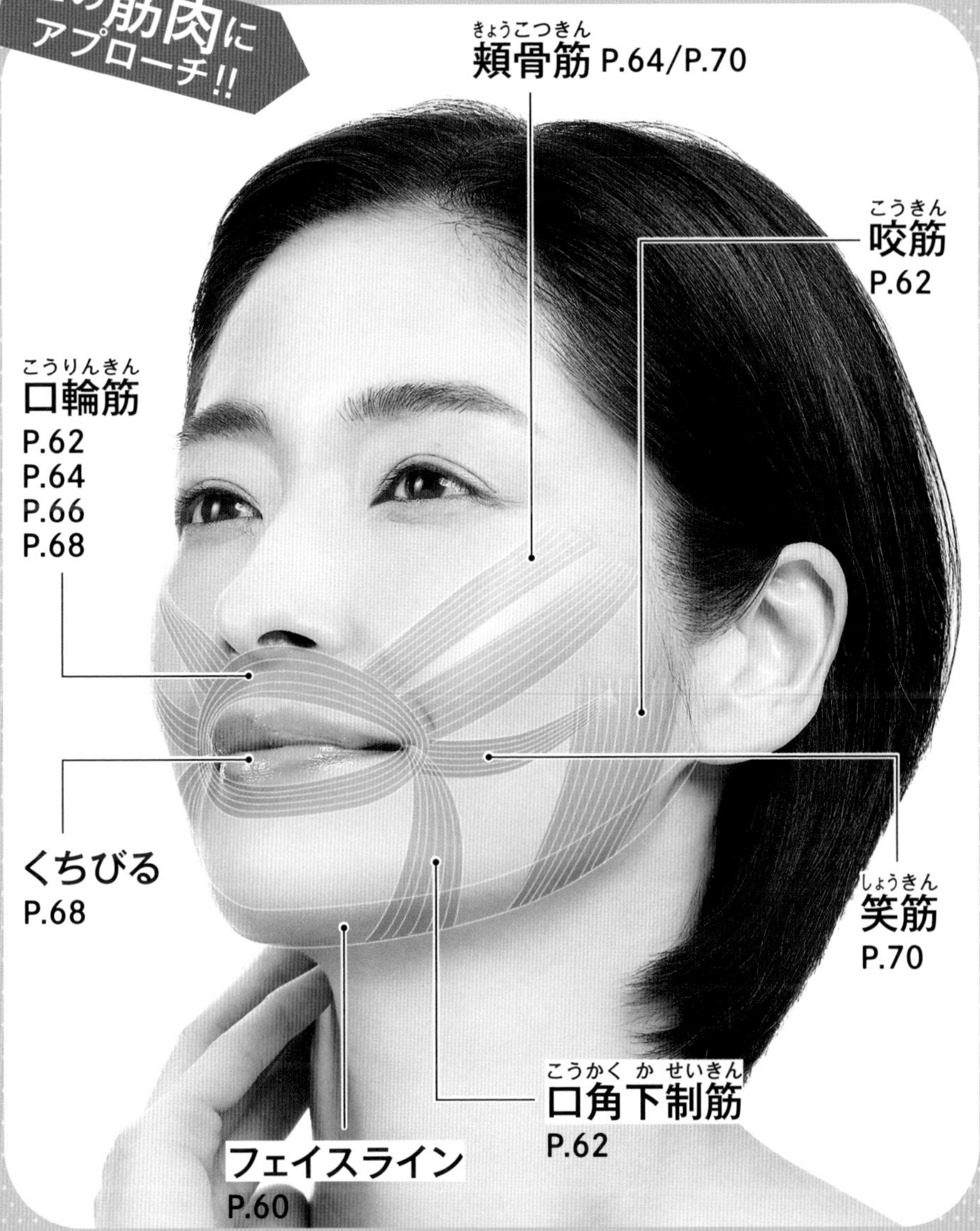
頬骨筋《きょうこつきん》 P.64/P.70
咬筋《こうきん》
P.62
口輪筋《こうりんきん》
P.62
P.64
P.66
P.68
くちびる
P.68
笑筋《しょうきん》
P.70
口角《こうかく》下《か》制筋《せいきん》
P.62
フェイスライン
P.60

下半顔のお悩み解消①

マスク着用で緊張感がない時期こそたるみやすい

あごのたるみ、二重あごをなくす

よくわかる
動画！

顔のいちばん下にあるあごは、重力でたるみやすい部分。マスクで隠れている時こそ、油断しているとたるみや二重あごが加速します。引き上げとリンパの流れ促進でケアしましょう。

1 親指をあごの下に、人差し指をあごの上に当てる

親指はあごの下に、人差し指を曲げて、2指であごの中心をはさむようにします。

＼ココを使う／

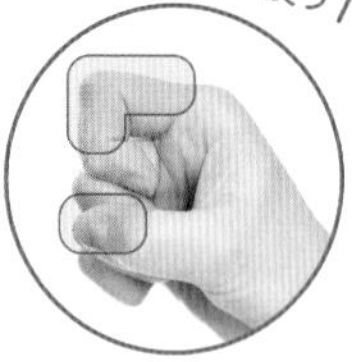

親指の指腹と
人差し指

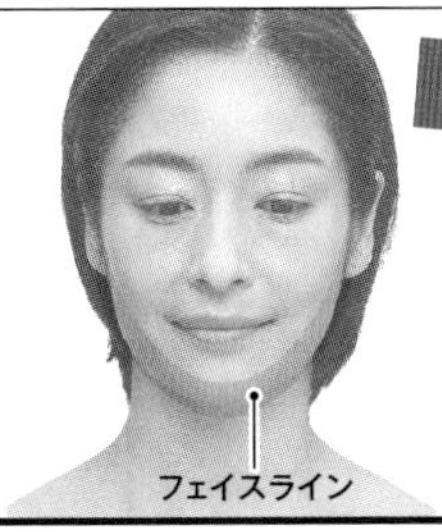

ココにアプローチ!!　**フェイスライン**

フェイスラインの中でも、特にあごから耳にかけてのラインがシャープになれば、小顔に見えます。横顔ではあごのラインがとても目立つので、いろいろな方向からチェックしてみましょう。

2　あごを削るように耳下まで引き上げる

あごの肉を根こそぎ削るような気持ちで、耳の下まで引き上げます。

下半顔のお悩み解消②

口角からあごに向かってできるライン

マリオネットラインを消す

よくわかる
動画!

マリオネット(あやつり人形)の口もとのように、口角から下にのびるマリオネットライン。ほうれい線とともに老け顔の大きな原因に。口まわりの筋肉を引き上げます。

※動画は左のマリオネットラインから行っていますが、左右どちらから始めてもOKです。

1 右のマリオネットラインに左手3指を当てる

右側のマリオネットラインのいちばん下のあご部分に、左手の人差し指、中指、薬指の指腹を当てます。

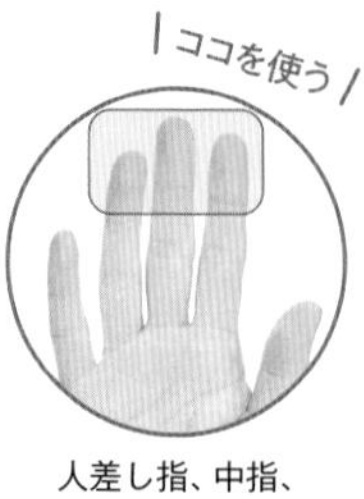

人差し指、中指、
薬指の指腹

2 斜め方向に咬筋付近まで引き上げる

あごから咬筋付近まで引き上げます。

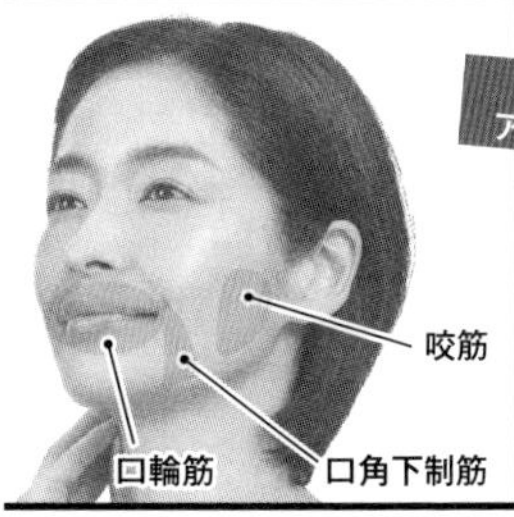

ココにアプローチ!!

口角下制筋《こうかくかせいきん》、咬筋《こうきん》、口輪筋《こうりんきん》

口角を下に引く口角下制筋、咬筋、くちびるをすぼめるときに動かす口輪筋と、口を動かす筋肉を重点的に引き上げます。

3 右手を口角下に当てる

右手の人差し指、中指、薬指の指腹を口角下に当てます。

①～④を
6回、
同じ要領で反対側も
6回

4 頬骨の下まで引き上げる

あごから頬骨の下まで上方向に引き上げます。

POINT

アプローチする場所が正しければ、左右どちらの手で行ってもかまいません。やりやすいほうでOK。

下半顔のお悩み解消③

口もとを若々しく

口もとのほうれい線を消す

よくわかる動画！

ほうれい線は筋肉がたるみ、肌の表面を下方向に引っ張って、溝ができてしまうことが大きな原因です。口と頬まわりの筋肉を引き上げて、目立たないようにしましょう。

1 口角の横に3指を当てる

口角の横に人差し指、中指、薬指の指腹を当てます。

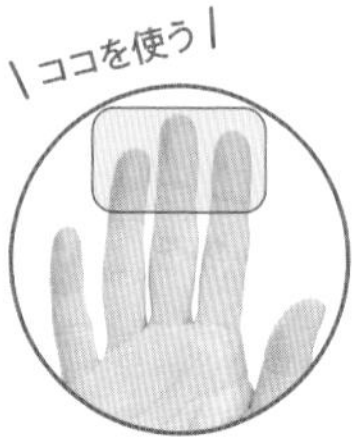

人差し指、中指、薬指の指腹

POINT
ほうれい線がスタートしている位置をプッシュ

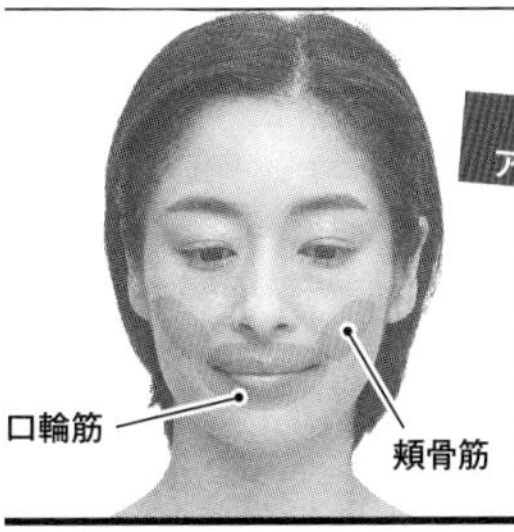

ココにアプローチ!!

口輪筋《こうりんきん》、頬骨筋《きょうこつきん》

口まわりの口輪筋と頬の筋肉を支える頬骨筋を引き上げて、ほうれい線ができる前の状態に固定します。

2 耳横まで斜めに引き上げ、10秒固定

頬骨を通り、斜め方向に強めの力で引き上げ、耳横部分で10秒間、固定します。

①～②を3回

グググッ

POINT
ほうれい線をのばすように引き上げる

＼POINT／
ほうれい線を消して固定

耳横で固定するときは、ほうれい線が消えた状態にします。これが本来、筋肉があった場所。固定しにくい場合はテーブルにひじをついて行います。

不機嫌顔の原因にサヨナラ

下がった口角を上向きに整える

よくわかる動画！

口角は顔の印象を大きく左右します。上がっていると明るく若々しい顔に見え、逆に下がっていると不機嫌そうな暗い印象に。普段から口角を上げるように意識しましょう。

1 人差し指の第2関節を口角に当てる

人指し指の第２関節部分を、口角の横に当てます。

人差し指の
第２関節

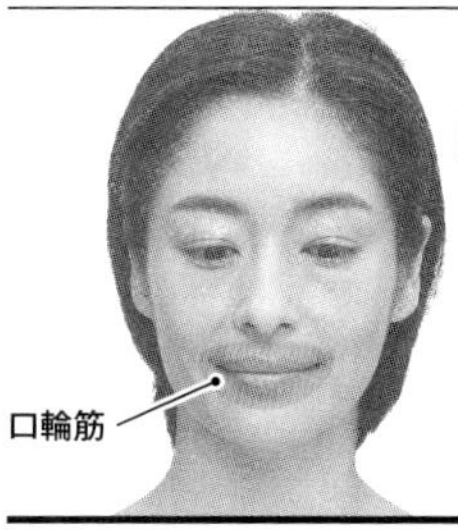

ココにアプローチ!!

口輪筋《こうりんきん》

口のまわりを取り囲むようにあって、くちびるを開けたり閉じたりするときに動かす筋肉。この筋肉が衰えると、どうしても口角が下がり気味に。

2 鼻横付近まで引き上げ、3秒固定

鼻の横あたりまで、しっかり引き上げて3秒間、固定します。イタ気持ちいいぐらいの強さで。

①〜②を
3回

＼ 朝夕のケアは… ／

口角を上げる朝夕の「えー」エクササイズ

意識していないと口角は下がってしまうので、普段からのエクササイズがおすすめ。「えー」と声を出した状態を5秒間キープ。これを2回くりかえします。毎日、朝夕行うことで、口角が上がりやすくなります。

口輪筋をほぐして活性化

鼻の下、くちびる上のシワをなくす

よくわかる動画!

口まわりの筋肉は、使いすぎと加齢によって萎縮し、代謝が悪くなります。結果、くちびるの上にシワができたり、くちびるの輪郭がゆるんだり。くちびるをほぐして活性化し、シワを消しましょう。

1 くちびるを前に突き出す

上くちびると下くちびるを合わせて閉じ、前に突き出します。

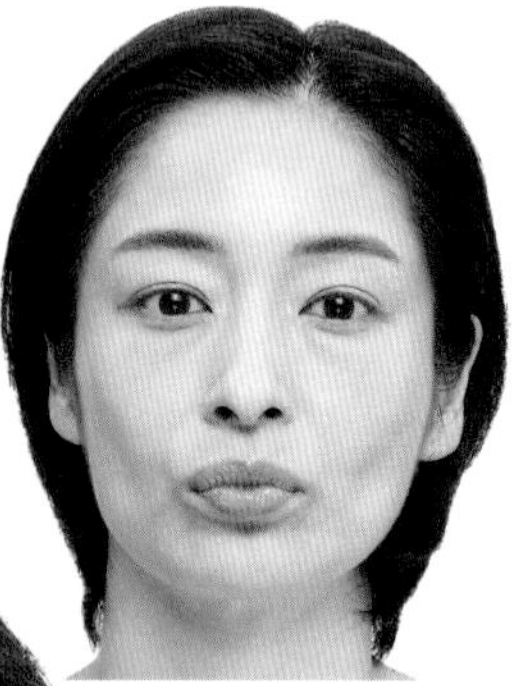

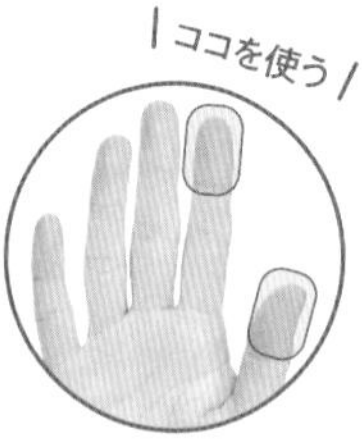

親指と人差し指の指腹

2 2指でくちびるの中央をはさみ、1秒押しほぐす

親指と人差し指でくちびるの真ん中をはさみ1秒間、押しほぐします。皮膚が少しくぼんで、プニュとなるぐらいの強さで。

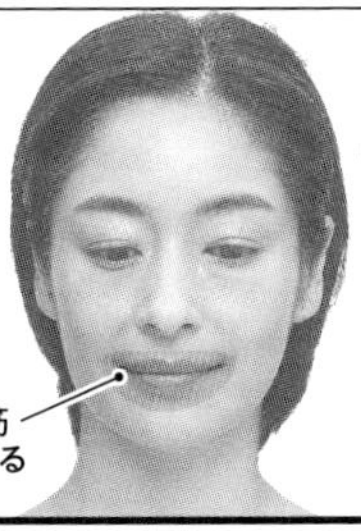

ココにアプローチ!!

口輪筋《こうりんきん》、くちびる

くちびるの上にできるシワをなくすには、口をぐるりと取り囲むようにある口輪筋と、くちびるそのものをしっかりほぐします。

3 外側に移動して1秒押しほぐす

親指と人差し指を少し外側に移動させて、同じように１秒間、押しほぐします。

①～④を
3回

4 さらに外側に移動して1秒押しほぐす

親指と人差し指をさらに少し外側に移動させ、同じように１秒間、押しほぐします。

ほうれい線の上端部分

鼻まわりのほうれい線を消す

よくわかる
動画!

ほうれい線は長いので、口もとと鼻まわりに分けてケアします。ほうれい線の上端である鼻まわりは、鼻横からこめかみへの斜め方向に引き上げます。

1 「ヤッホー」の手で鼻とあごをはさむ

人差し指を鼻の横に、親指はあご下に当てて、「ヤッホー」の手をつくります。

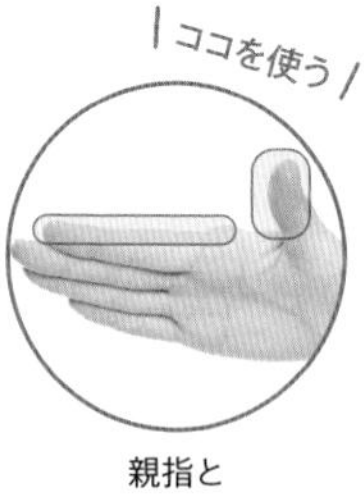

親指と
人差し指の内側

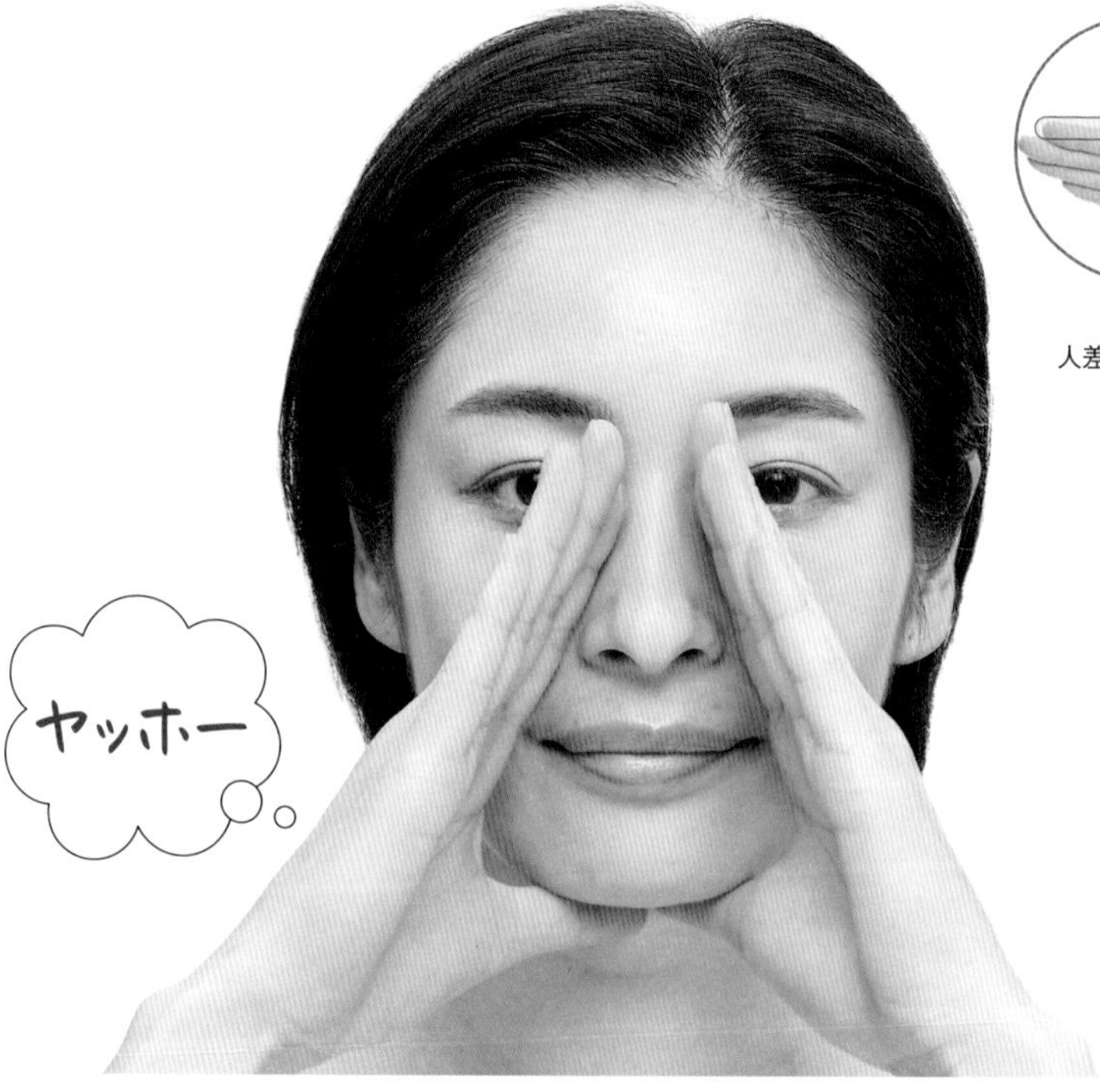

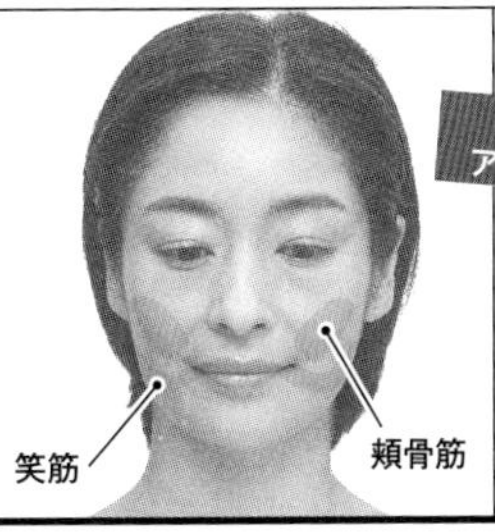

ココにアプローチ!!

頬骨筋《きょうこつきん》、笑筋《しょうきん》

頬骨の筋肉と、えくぼをつくる笑筋部分にアプローチします。

2 鼻横から耳横まで強めの力で引き上げる

そのままの手のカタチで、人差し指全体に力を入れ、ゆっくりと耳横まで、強めの力で押し込んで引き上げます。

①〜③を
3回

3 耳横で3秒固定する

耳横まできたら、そのまま3秒間、固定します。

COLUMN

リフレッシュとキレイを両立できる

入浴時を有効活用！

1日の疲れを癒してくれるバスタイムは、血行が良くなるので、翌日のキレイをつくるにはとてもいい時間。湯船につかっているときに、肩や鎖骨のマッサージで血液やリンパの流れを良くしておけば、その後の頭や顔のマッサージ効果も高まります。

肩のマッサージ 左肩を前から右手4指で引っ掛けるようにして8回押します。右肩も同様に左手4指を引っ掛けて8回。
鎖骨ハサミ 左鎖骨を右手の人差し指と中指のチョキではさんで、外側から真ん中まで4点を押しながら移動。これを2往復します。反対側も同様に。

このあと、シャンプー時に側頭筋と前頭筋のヘッドマッサージを行えば、頭全体の筋肉もほぐれて、リラックス効果も高まります。

ヘッドマッサージ

①4指で耳の少し上の部分を持ち上げるような気持ちで、グルグル8回円を描くようにマッサージ。

②頭頂部（頭のてっぺん）を5指でガシガシつかむようにして、8回マッサージ。

PART

2

さらなる老けポイントを撃退！

劣化防止スペシャルケア

今、気になっているお悩みだけでなく、これからじょじょに気になってくる「老けポイント」の解決メソッドをご紹介。首や手の甲など、意外に年齢が出やすく目立ちやすいところもカバーしています。今から予防的にケアしておけば、エイジレスな若見えが続きます！

SPECIAL CARE METHOD

劣化防止 スペシャルケア

年齢とともに気になるのが、首や手などのパーツ。顔は毎日、丹念にお手入れをしていても、パーツに無頓着では、知らないあいだに劣化が進んでしまうことに。そうなる前に、顔と同様しっかりケアを。

この筋肉にアプローチ!!
上唇鼻翼挙筋《じょうしんびよくきょきん》
P.80
たるんでいる毛穴
P.86
口角挙筋《こうかくきょきん》
P.80
くちびる
P.78
下半顔全体の筋肉 P.84
この筋肉にアプローチ!!
手の筋肉全体 P.82
広頸筋《こうけいきん》
P.76

年齢が出やすい首を若々しく

首のシワをなくす

よくわかる
動画！

顔のお手入れは完璧なのに、首のケアを忘れて、シワになっていることはありませんか？　顔と首はワンセットと考えて、お手入れを怠らずに。

※動画は右の鎖骨から行っていますが、左右どちらから始めてもOKです。

1 あごを上げて首を伸ばす

あごを少し上げて、首にシワができないように伸ばします。

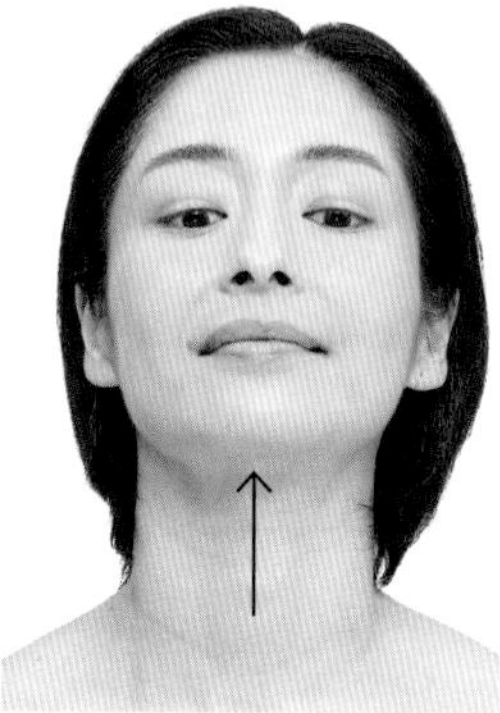

＼ココを使う／

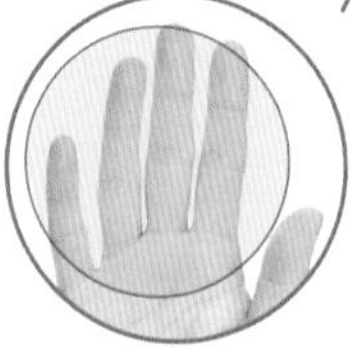

4指の面

2 右手4指の面を左の鎖骨に当てる

右手の人差し指、中指、薬指、小指を左の鎖骨に当てます。

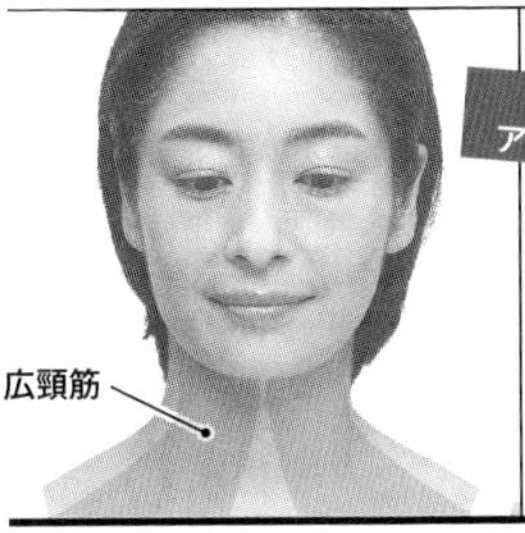

ココにアプローチ!!

広頸筋《こうけいきん》

下あごから胸の上部にわたる広範囲の筋肉。口まわりのさまざまな筋肉ともつながっているので、ケアしておくと顔にも良い影響が期待できます。

3 フェイスラインを通り、軽くゆっくり引き上げる

フェイスラインを通り、耳の下までゆっくり軽く引き上げます。

①～④を
3回、
反対側も
同様に

4 耳下で3秒固定

耳の下まできたら、そのまま３秒間、固定します。

劣化防止スペシャルケア②

シワのないしっとりしたくちびるに

くちびるの縦ジワを消す

よくわかる
動画！

くちびるは乾燥しやすいので、リップクリームを塗ってしっかり浸透させ、血流を改善することで、みずみずしくシワのない状態をキープできます。

1 口を「えー」と発声するカタチに

「えー」と発声するときの口のカタチをつくります。

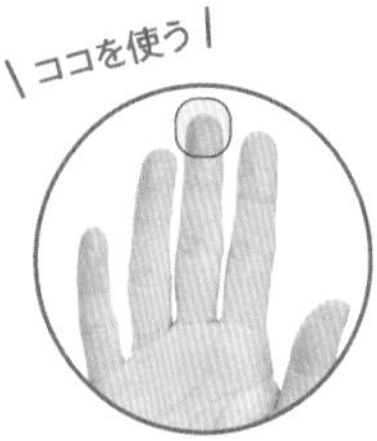

中指の指先

2 リップクリームをたっぷり塗る

愛用しているリップクリームをたっぷり多めに塗ります。

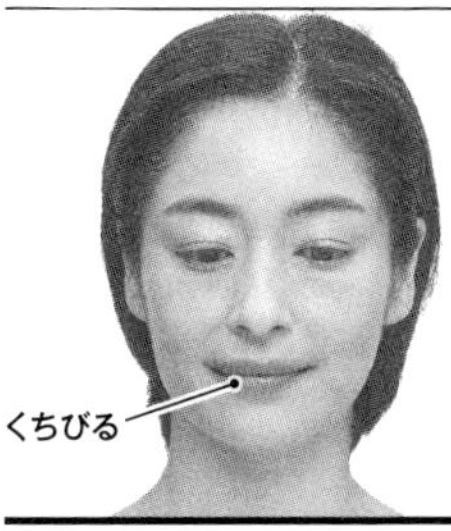

ココにアプローチ!! **くちびる**

栄養のかたよりや日焼け、なめるクセなどによって乾きやすくなるくちびる。こまめにリップクリームを塗って保湿を心がけ、血行不良を改善します。

3 下くちびるの端から端までなぞる

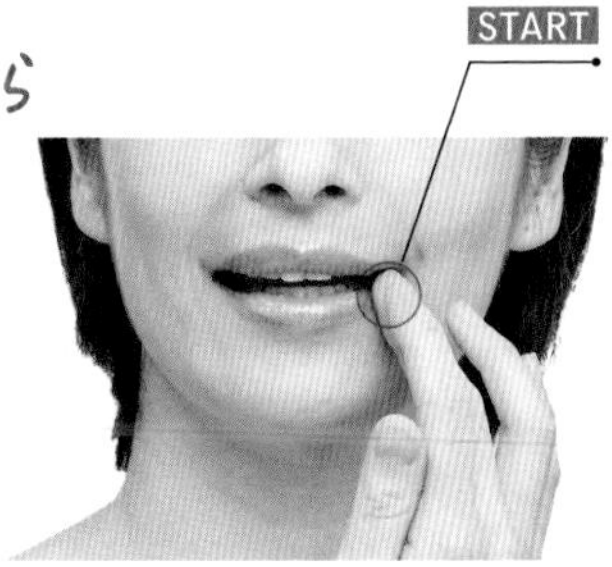

下くちびるの端に中指を当て、もう一方の端まで、リップクリームを浸透させながら、軽いタッチでなぞります。端までいったら、なぞりながら元の位置に戻ります。これを３往復。
※左右どちらでもやりやすいほうの手で。

③、④
それぞれ
３往復
ずつ

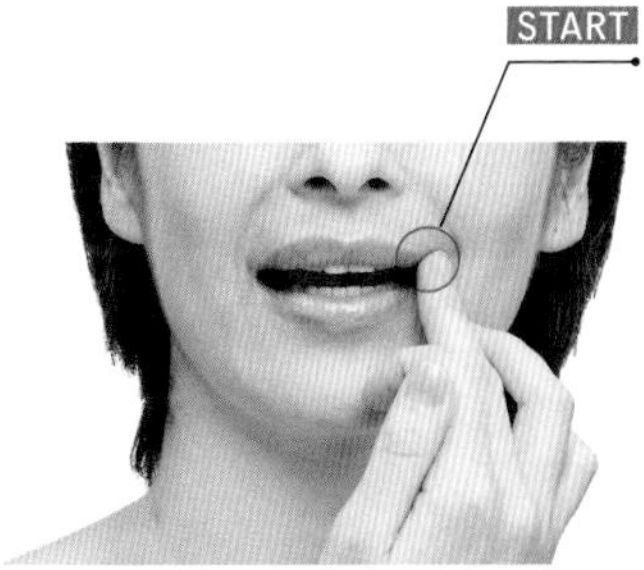

4 上くちびるの端から端までなぞる

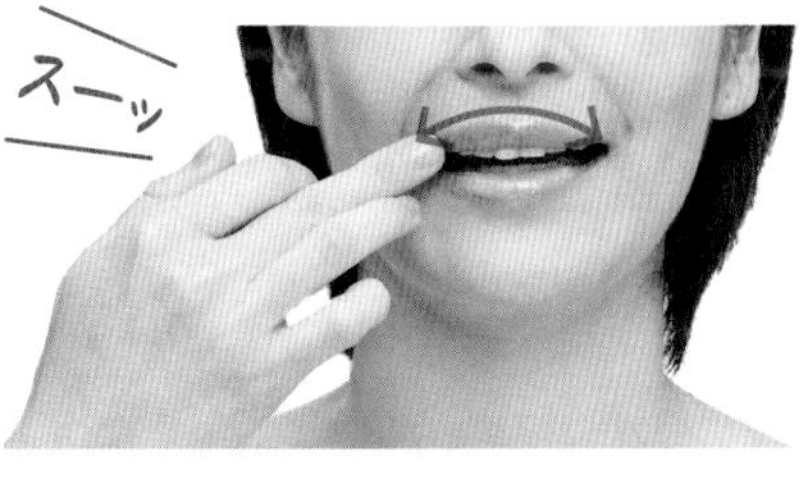

上くちびるの端に中指を当て、もう一方の端まで、リップクリームを浸透させながら、軽いタッチでなぞります。端までいったら、なぞりながら元の位置に戻ります。これを３往復。

劣化防止スペシャルケア③

鼻も小さくスマートに

鼻のむくみを取り、小鼻の広がりを小さく

よくわかる動画！

鼻のカタチに自信がある人は少ないかもしれません。広がった大きな鼻は、意外にもむくみが原因。老廃物を流して、すっきりシャープな鼻をめざしましょう！

1 小鼻の中央に中指を当てる

小鼻の真ん中に中指の指腹を当てます。

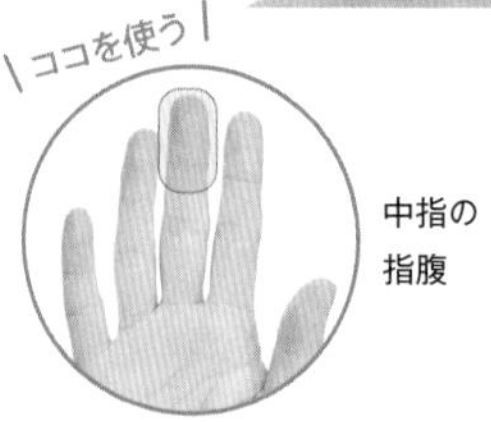

2 鼻のカタチに沿って小鼻の横へ移動

中指を小鼻のカタチに沿わせるようにして、軽く力を入れて小鼻の横に移動します。

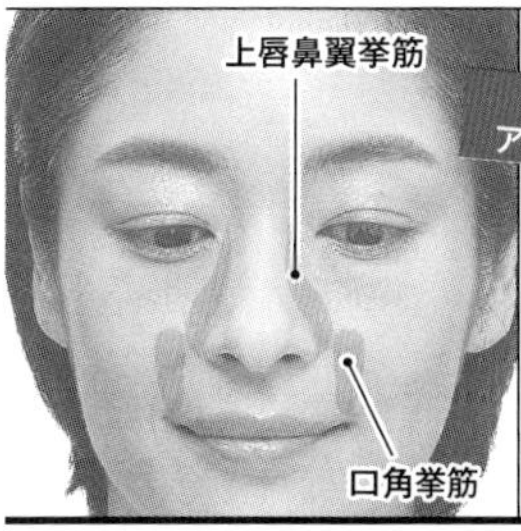

ココにアプローチ!!

口角挙筋《こうかくきょきん》、上唇鼻翼挙筋《じょうしんびよくきょきん》

口角を上にあげる口角挙筋と、鼻の横に沿って小鼻と上くちびるを引き上げるときに動く上唇鼻翼挙筋にアプローチします。

3 しっかり圧をかけ、鼻横から上へ引き上げる

小鼻の横から目頭まで、しっかり圧をかけて引き上げます。

①〜④を
3回

4 小鼻横へ戻り、こめかみまで軽く引き上げる

鼻に沿っていったん小鼻の横まで戻り、そこから頬骨を通ってこめかみまで軽い力で引き上げます。

劣化防止スペシャルケア④

顔以上に年齢が出る

シワっぽい手の甲に、ハリとツヤをよみがえらせる

よくわかる
動画！

首と同様、顔以上に年齢が出てしまう手。特に手の甲はケアしているかどうかで大きな違いが出ます。顔のお手入れ同様、しっかり保湿とマッサージをしましょう。

1 ハンドクリームを手の甲に塗る

ハンドクリームを手の甲全体に、たっぷりめに塗ります。

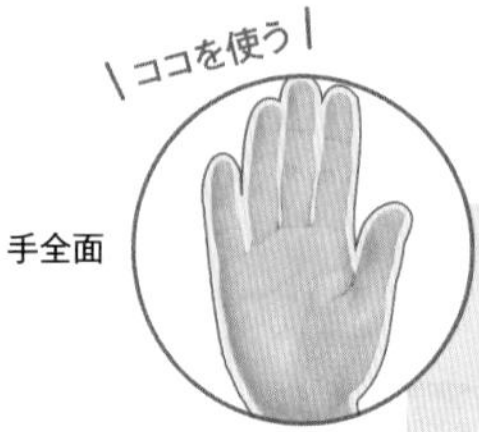

2 反対の手で握るように全体を6回ほぐす

（反対側も同様に）

反対側の手を上からクロスさせるようにして、手の甲全体をまんべんなく6回握ってほぐします。

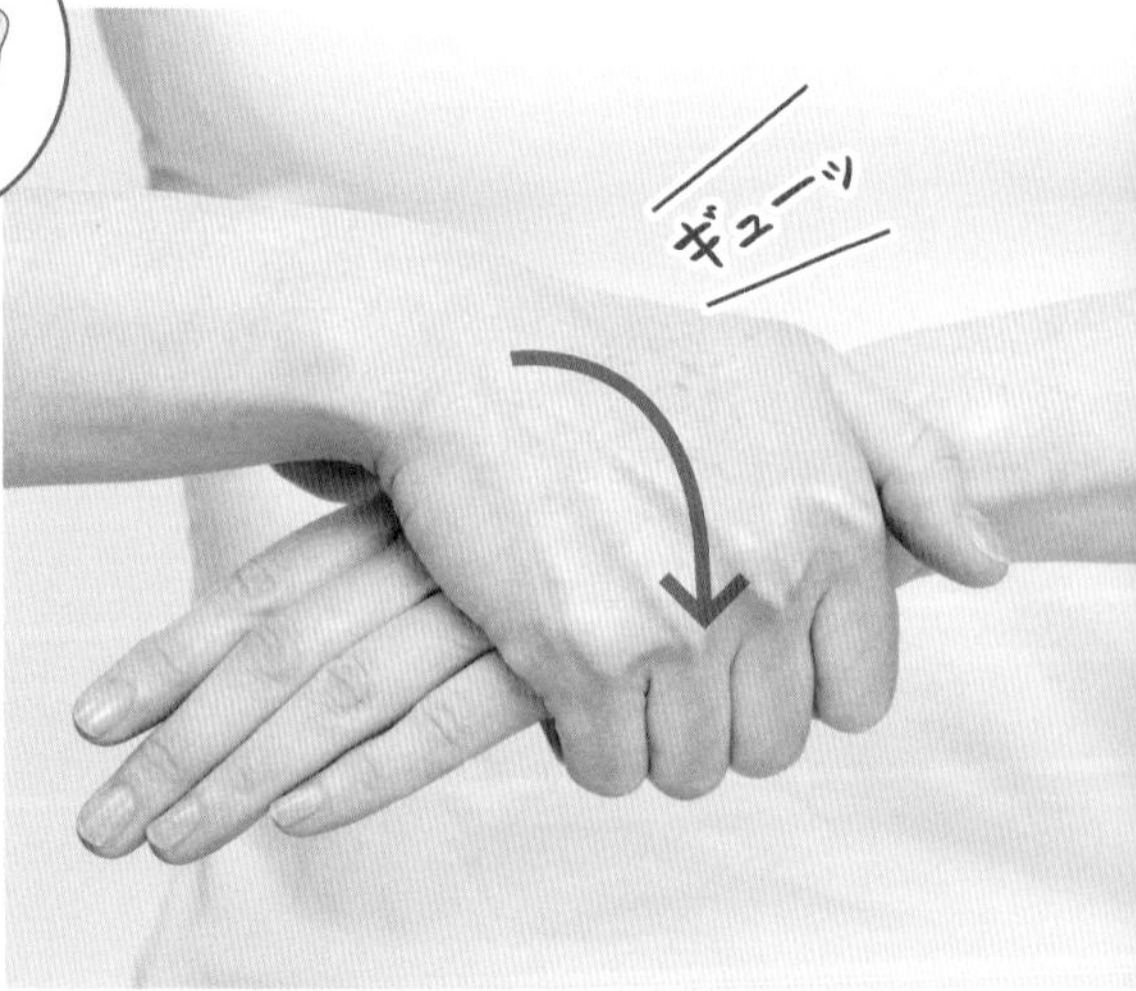

ココにアプローチ!!

手の筋肉全体

常に使っているうえに、外気や水にさらされる手。汗をかく手のひらよりも、手の甲は乾燥してシワになりやすく、それがシミの原因にも。しっかりケアすれば、効果があらわれやすいところです。

\ 朝晩のケアも忘れずに /

顔につけてあまった化粧品をそのままつける

手をひんぱんに洗う日中はハンドクリームでOKですが、朝晩の顔のお手入れの際は、使っている化粧水を手にも塗りましょう。顔に塗ったあとに、手に残っているときは、そのまま手の甲や首につけます。

手に取ってつけてもOK

もちろん、手に取って塗り、マッサージすればベストです。

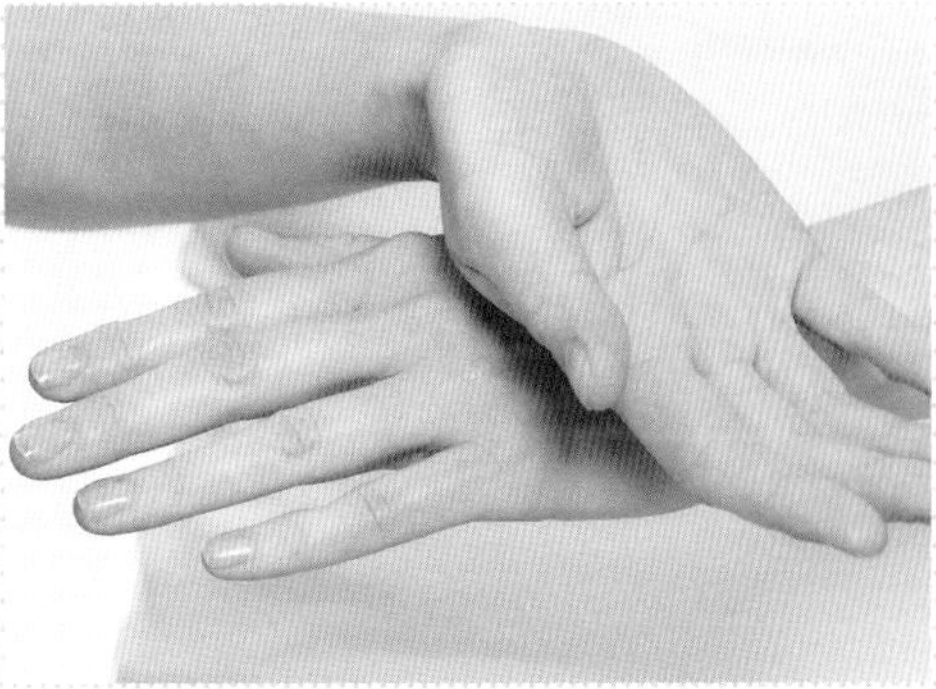

劣化防止スペシャルケア⑤

くすみを解消し、みずみずしく

どんよりくすんだ顔を透明感のある美肌に

よくわかる動画！

くすんだ肌はそれだけでやつれて老けた印象に。透明感があり、明るく美しい肌を保つためには、代謝のアップと筋肉を柔軟にすることが大切です。

1 耳横の関節部分に3指を当てる

上あごと下あごの関節部分に、人差し指、中指、薬指の指腹を当てます。

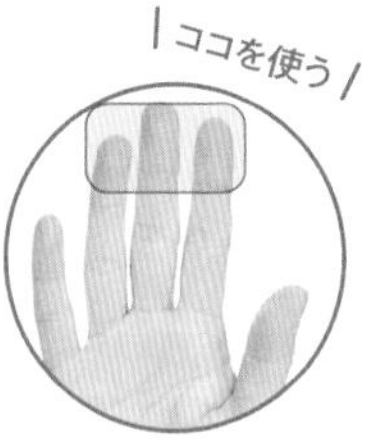

人指し指、中指、薬指の指腹

ココにアプローチ!! **下半顔全体の筋肉**

筋肉を動かすことでリンパが流れ、代謝がアップします。顔の下部にある表情筋を大きく動かし、肌のターンオーバーを整えましょう。

2 そのまま「あー」と2秒間、声を出す

3指を関節部分に当てたまま、口を大きく開き、2秒間「あー」と声を出します。

①〜③を
6回

3 「うー」と2秒間、声を出す

3指を関節部分に当てたまま、2秒間「うー」と声を出します。

劣化防止スペシャルケア⑥

毛穴が気になり始めたら

開いた毛穴を引き締め、キメを整える

よくわかる
動画！

毛穴が目立つのは、毛穴自体がたるんできたから。主な原因は乾燥や紫外線などの外的要因と、筋肉や皮膚のたるみです。気になる毛穴部分の保湿とマッサージを続けましょう。ローションパックの上から行うと効果的です。

1 鼻の横に3指を当てる

人差し指、中指、薬指を鼻の横あたりに当てます。

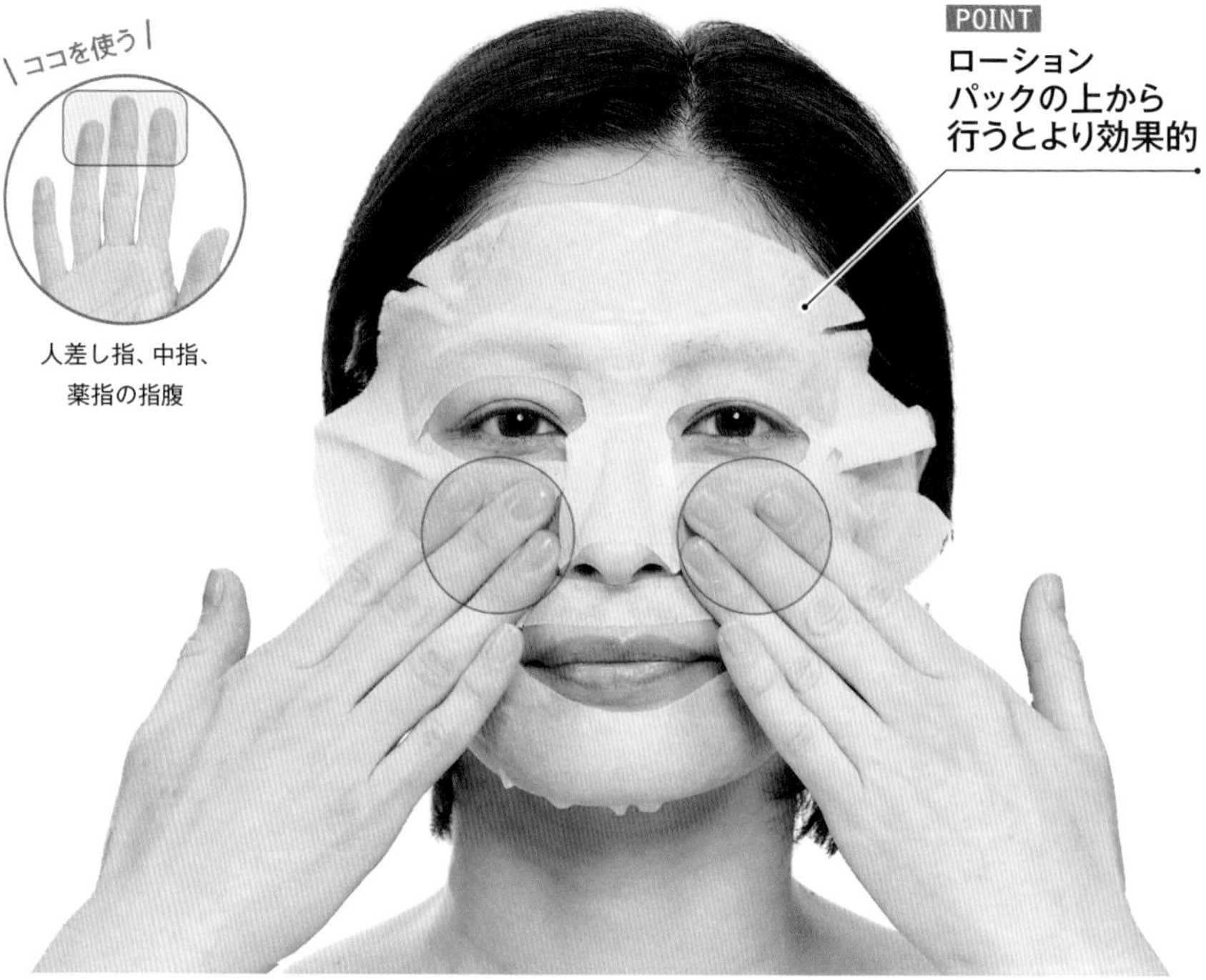

人差し指、中指、
薬指の指腹

ココにアプローチ!!

たるんでいる毛穴

鼻の横から頬あたりの毛穴が気になる人が大多数ですが、目立つ部分は人によって異なるので、自分が気になる部分に直接アプローチします。

2 やさしく2センチほど引き上げる

上方向にやさしく2センチ程度引き上げます。

気になる
毛穴のところ
で①〜②を
6回

スーッ

COLUMN

目立たない冬こそお手入れが大切なシーズン

ひじ・ひざ・かかと パーツケア

夏になってあわてるよりも、乾燥する冬こそきちんとケアしておきたいひじ、ひざ、かかと。乾燥している程度ならボディクリームを塗るだけで大丈夫ですが、ひび割れ始めたら、尿素を配合した医薬品がおすすめです。

ひじ、ひざ 曲げた状態にして、乾燥している箇所よりも1センチぐらい大きめの範囲に塗ります。まんべんなく塗れるように、一方向だけではなく、逆方向でも塗ります。

かかと カサカサになってしまうと、クリームを塗っただけではなかなか元に戻りません。クリームを塗ったあとラップで包んで、そのうえからやわらかい（締めつけない）靴下をはいてしばらく保湿します。時間をおいたほうがいいので、おふろ上がりにラップして、寝る前にはずすぐらいがいいでしょう。

クルクルと円を描くように塗る。均一に塗れるように、一方向だけではなく、逆回りで同じ回数だけクルクル塗るのがコツ。

PART 3

効果は歴然！
老けを寄せつけない
服部式美習慣

エステのプロとして、いろいろな「美習慣」を試してきた服部恵が、実際に効果があった方法を厳選してご紹介。毎日のスキンケアや生活習慣を少し変えるだけでも変化は起こります。「キレイになりたい」「自分を変えたい」というあなたの願いは、必ずかないます！

美習慣① 落とす、洗う

リフトアップクレンジングとハリ肌洗顔

クレンジングや洗顔をなんとなく行っていませんか？　ちょっと意識してやり方を変えるだけで、リフトアップやハリ肌を取り戻すことはできます！　毎日のことだからこそ、気をつけたいポイントをご紹介。

メイク落とし（クレンジング）と洗顔、分けてダブルで行う人もいれば、一度で両方をすませている人も。どちらが正解ということではなく、使用する洗顔料の使い方の指示に従いましょう。「ダブル洗顔不要」と書いてあるなら、一度でＯＫです。洗いすぎると皮脂を取りすぎ、シワやシミの原因になりますから、洗顔後につっぱりを感じるようなら、洗顔料や洗顔方法の見直しを。たとえば、石けんタイプは洗浄力が強い分、皮脂も取りすぎてしまうので、乾燥しやすくなります。保湿重視なら、必要以上に皮脂や角質を洗い流さないアミノ酸系の洗顔料を。

クレンジングで下から上にリフトアップ

クレンジングで気をつけたいのは、メイクをしっかり落とそうとするあまり、こすりすぎてしまうこと。クレンジングクリームとティッシュオフの組み合わせは、摩擦で肌を傷つけやすいので、できれば避けて、洗い流すタイプのものを。

まず、クレンジング剤を顔によくなじませます。このとき、顔の上から下になじませるのではなく、顔の下から上に向かって、引き上げるようになじませていくことがポイントです。洗い流すときも同じように、上から下ではなく、下から上へ。下に向かって行うとたるみの原因になり、上に引き上げていくと、リフトアップ効果が期待できます。

クレンジング

クレンジングも下から上へ

上から下へ落とすとたるみの原因に。必ず下から上に引き上げるように。

洗顔

肌に押しつけて汚れを吸着

ポワポワになった泡を顔にのせたら、泡を肌に押しつけたり離したりして、汚れを吸着させて摩擦を軽減する。

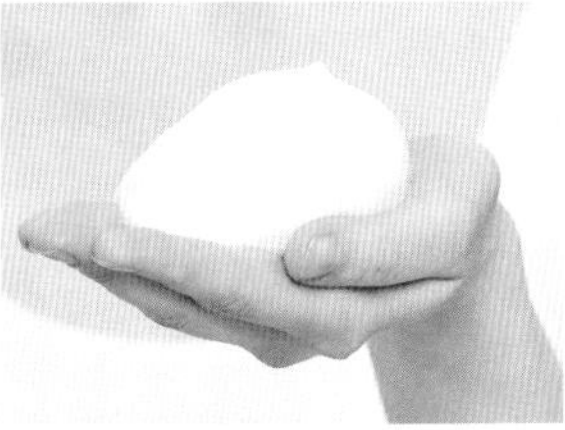

洗顔料はすぐにタレてこないように、ポワポワになるまでしっかり泡立てる。

洗顔料を肌に押しつけたり、離したりする

しっかり洗おうとするあまり、ゴシゴシと力を入れすぎていませんか？　クレンジング同様、こすりすぎは肌を傷つける原因に。まずは洗顔料をポワポワになるぐらいにしっかり泡立てること。泡をつくったら、顔全体にのせてなじませます。おすすめは「バウンド」といって、顔にのせた泡をお肌のほうに、押しつけたり離したりする方法。泡をころがすよりも摩擦が少なく、肌の汚れを泡がきちんと吸着してくれるので、力を入れなくてもしっかり洗えます。この洗い方を続けていると、肌がつるんとして、ハリが戻ってきます。

美習慣② うるおす

化粧水&ローションパックで モチ肌に

つけ方しだいで、肌のモチモチ度が変わってしまう化粧水。乾燥を防ぎ、みずみずしい肌を保つためにはとても重要です。リーズナブルで効果が高いローションパックもぜひお試しを！

化粧水は肌に押し込むイメージで

コットンに含ませて、ササッと塗ってしまいがちな化粧水。肌への摩擦や刺激を避けたいので、コットンを使う頻度は週に1〜2回程度にして、それ以外は、基本的に手で直接塗ることをおすすめします（化粧品の使用書に従ってください）。

手で直接塗る場合は、素早く全体に塗ってから、肌の奥まで届くように、やさしく押し込むようなイメージで密閉します。ときどきパチパチとたたき込むように塗る人を見かけますが、肌への刺激は少ないほうがいいので、

コットンの選び方

コットンは綿100%素材のものを。濡らしても毛羽立ちせず、なめらかなものがおすすめです。水を含ませて絞り、手の甲に触れてみると、なめらかさの違いがわかります。

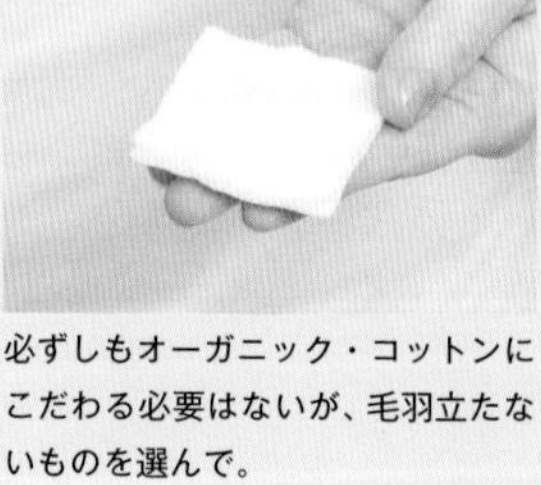

必ずしもオーガニック・コットンにこだわる必要はないが、毛羽立たないものを選んで。

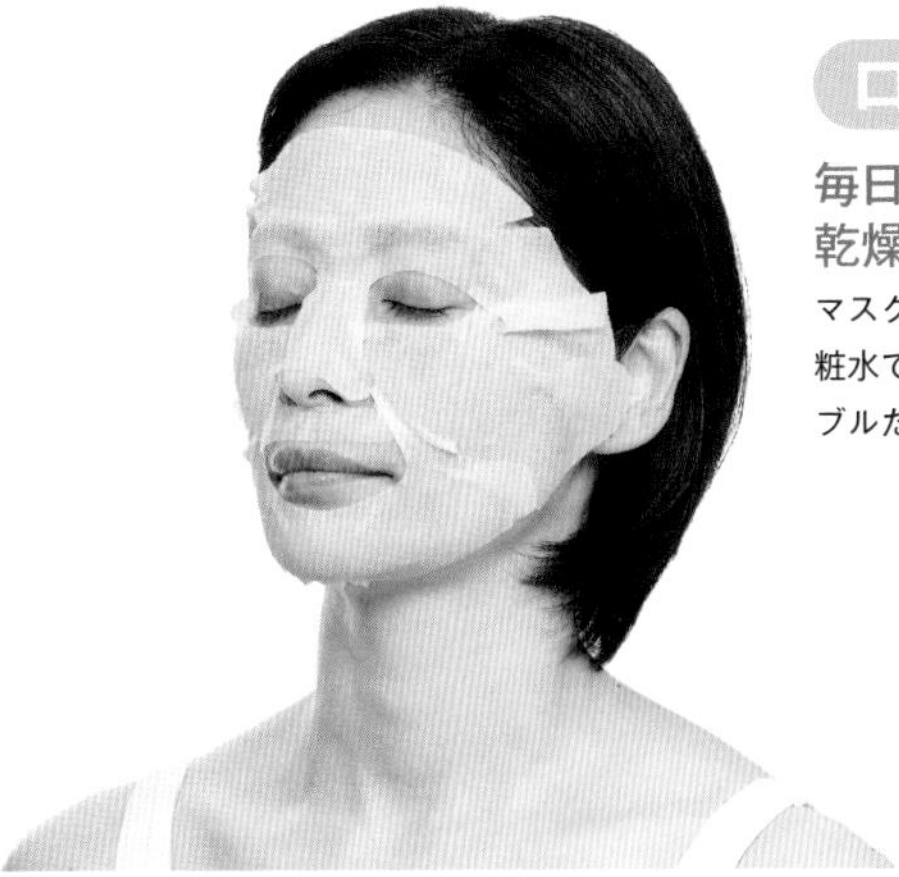

ローションパック

毎日のローションパックで乾燥知らずの肌に

マスクシートとミネラルウォーター、化粧水でつくれるお手軽パック。リーズナブルだから毎日できて効果が高い。

あくまでもやさしく塗りましょう。

コットンを使う場合は、コットン選びにご注意を（右ページコラム参照）。大切な宝石を磨くように肌にやさしく当てて、手で塗るときと同じように、奥に押し込むようにていねいに塗ります。

化粧水

塗るよりも肌の奥に押し込むイメージで

化粧水はお肌をうるおすための土台。表面に塗るというよりも、肌の奥までしっかり水分を届けるように密閉して。

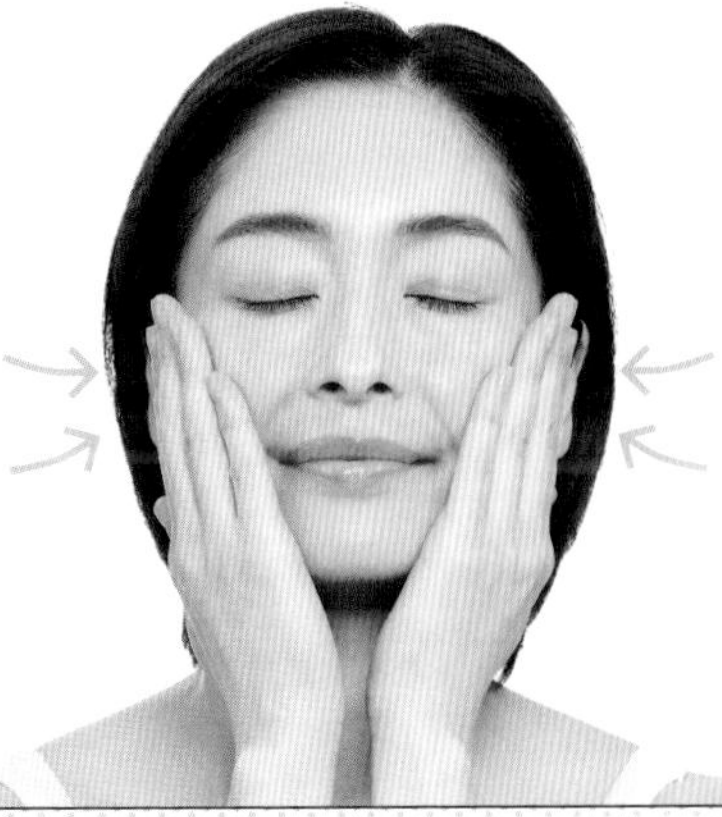

月1回の高級品より、毎日のローションパックを

化粧品は年々進化していて、一度で即効性のあるパックなどもありますが、効果が高いものはお値段もそれなりに高く、お財布にはちょっと厳しいことも。月に1回の高級パックよりも、リーズナブルなパックを毎日行うほうが効果は続きます。

特におすすめしたいのは、ローションパック。つくり方は簡単です。どこでも売っているリーズナブルなマスクシートを用意します。シートをミネラルウォーターに浸していったん絞り、そこに化粧水をたらしてヒタヒタにしたら完成。このローションパックを毎日行えば、肌がしっとりして、乾燥とも無縁に。

美習慣③ ハリを与える

ツヤアップ美容液とシワケアクリーム

もはや肌に欠かせないアイテムとなった美容液と、気になるシワ消しのためのクリーム。塗る順番や方法をひと工夫することで、より効果がアップします。

「サラッとしている順につける」が基本

いろいろな機能の化粧品が手に入る今、乳液などに代わって必須アイテムになりつつあるのが美容液。すぐにお肌にツヤとハリを与えてくれるという嬉しい効果があります。ただし、つける順番を間違えると、効果が十分に発揮されないことも。

化粧水→美容液という塗り方が一般的ですが、とろみがある化粧水で、美容液のほうがサラッとしているタイプの場合、美容液を先につけたほうが良い場合もあります。

ザルをイメージしてみてください。小石と砂をザルに入れると、細かい砂から先に落ちます。化粧品

美容液

美容液の種類は多彩。順番をよく確認

化粧水の前に使うものもあるので、使用書をよく読んで。手に取って温めてから、しっかりなじませる。

クリーム

乾燥が気になったら いつもより多めに

即効性を出したいなら通常の1.5倍の量を。目もとなど部分的に乾燥が気になるところは二度塗りで保湿を。

も同じように、分子が小さいサラサラしたものが先にお肌に浸透していきます。オイルや水分などの成分にもよりますが、分子が大きく、とろっとしてお肌の表面にフタをするような化粧品を先につけると、そのあとにつける分子の小さい化粧品が浸透しにくくなるのです。最近はとろみがあっても成分をナノ化（超微細化）している化粧品もあるので、使用書をよく読んで、塗る順番を確認しましょう。

クリームはたっぷり。量や二度塗りで即効性を

目もとのシワや乾燥が気になるときは、クリームを塗って早めのケアを。短期間で結果を出したいなら、クリームの量を節約しないで、推奨されている使用量の1・5倍ほどたっぷり塗ります。

目もとやほうれい線など、部分的に乾燥やシワが気になるときは、その部分への二度塗りがおすすめ。忙しくて顔全体のローションパックができないときは、コットンにミネラルウォーターと化粧水を含ませてコットンパックをしてからクリームを二度塗りすると、気になる部分の補修になります。

美習慣④ インナーケア

食事、サプリメントで内側からキレイになる！

肌をキレイにする方法は外側からのお手入れだけではありません。肌をつくる毎日の食事やそれを補うサプリメントは、キレイになるための基本中の基本。私の食事習慣をご紹介します！

タンパク質と野菜をしっかり摂る

私の食事は、タンパク質と野菜をしっかり摂って、炭水化物は少なめというのが基本です。そもそもお肌はタンパク質でできていますし、筋肉にも必要なのはみなさんがご存知の通り。だから、タンパク質は意識してしっかり摂り、季節に合わせた旬の食材や、野菜と炭水化物のバランスも考えています。

普段はこの食事を基本にしていますが、おつき合いなどで外食することもありますから、この食事を絶対厳守しているわけではありません。おつき合いの場では楽しく何でも食べます。ただし、それで「食べすぎたな」と思ったときは、次の日に食べる量を調整します。

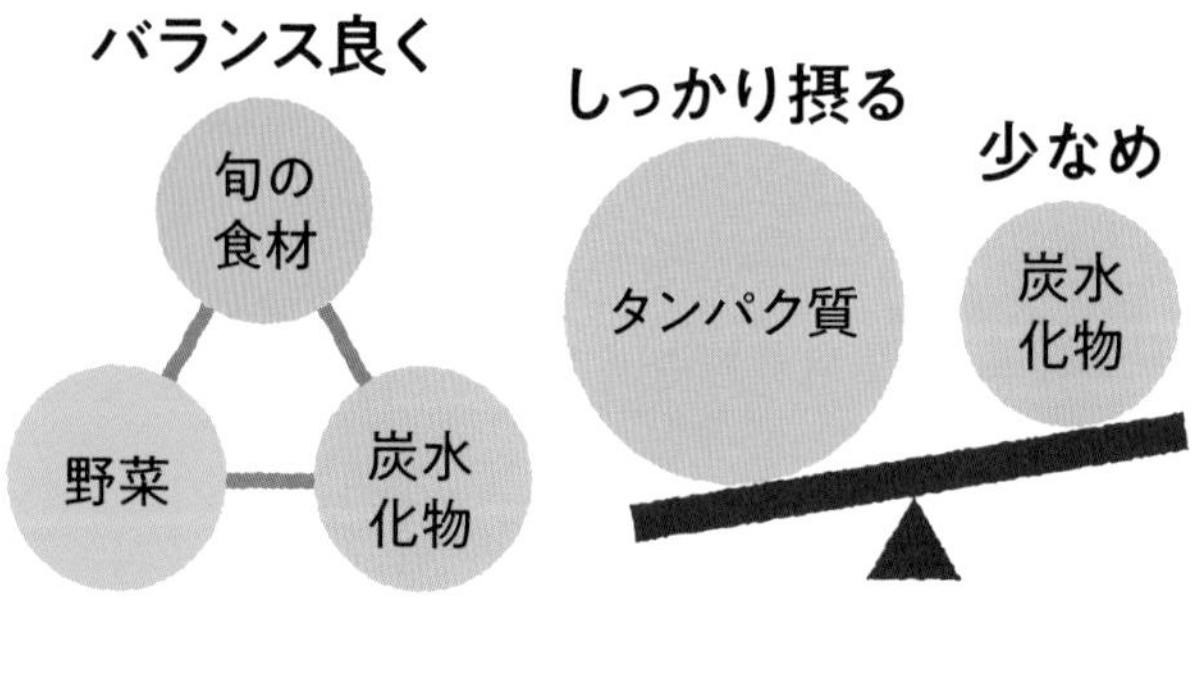

「タンパク質が足りていないな」「体重が増えたな」と思うときは、ごはんの代わりに豆腐を食べたり、お腹がすいたらゆで卵を食べたりして、炭水化物を減らし、タンパク質を多めに摂ります。

食べる順番は、最初に野菜やサラダを。血糖値の急激な上昇を抑えるためです。なるべく体にいいものを選択するように意識し、添加物が含まれている調味料は、オーガニックのものに替えています。

でも、いちばん大切なのは、流行に惑わされずに、自分に合った食事法を探すこと。食事で無理は続かないし、食べる楽しみが半減してしまうからです。

ひとつのサプリは3ヶ月を目安に試す

食事だけでは摂りにくい栄養素は、サプリで補っています。肌のターンオーバーに必要なビタミンCは必ず摂っていますし、お酢は15年ぐらい飲んでいて、腸を活性化して便秘知らずです。お酢に含まれる酢酸は、体内でクエン酸に変わりますから、疲労回復にも効果があります。その他、抗酸化にはビタミンE、代謝を良くするにはビタミンBなど、目的に応じて変えることがあります。ただ、体の組織が変化するには3ヶ月はかかるといわれていますから、ひとつのサプリを飲み始めたら、3ヶ月は試してみます。それで効果が実感できれば自分に合っているし、効果が感じられなければ続けません。

美習慣⑤ メンタルケア

プチ贅沢でモチベーション維持。ストレスを抱えない

人はその日の体調や出来事によって、気分の浮き沈みがあります。ストレスを抱え込んだり、どうしても前向きになれない日も。そんなときのためのとっておきの方法をお伝えします。

モチベーションは大好きなチョコレート

気持ちや体がどんよりして、どうしてもやる気が起きないこと、ありませんか?人はいつも同じように元気ではいられないし、テンションが低いときもありますよね。そういうときのために、私はプチ贅沢なごほうびを決めています。

実は私は大のチョコレート好き。世界一大きなチョコレートの祭典『サロン・デュ・ショコラ』を見たくて、わざわざフランスに行ったこともあるほどです。チョコレートに含まれるカカオポリフェノールには抗酸化作用があり、他にミネラルや食物繊維も豊富で栄養価も高い。それにカカオの香りのテオブロミンが、幸せホルモンといわれるβ-エンドルフィンを分泌させてくれます。

こういった理由から、サロンで施術後にお客様にチョコレートをお出ししたところ、これが大好評。今では服部恵といえば、チョコレートというお客様もいらっしゃるほどです。

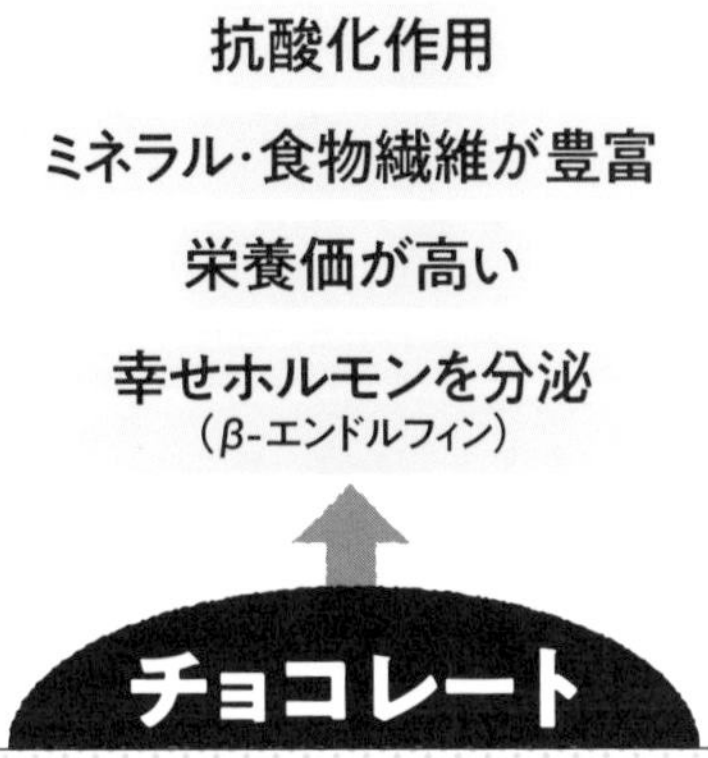

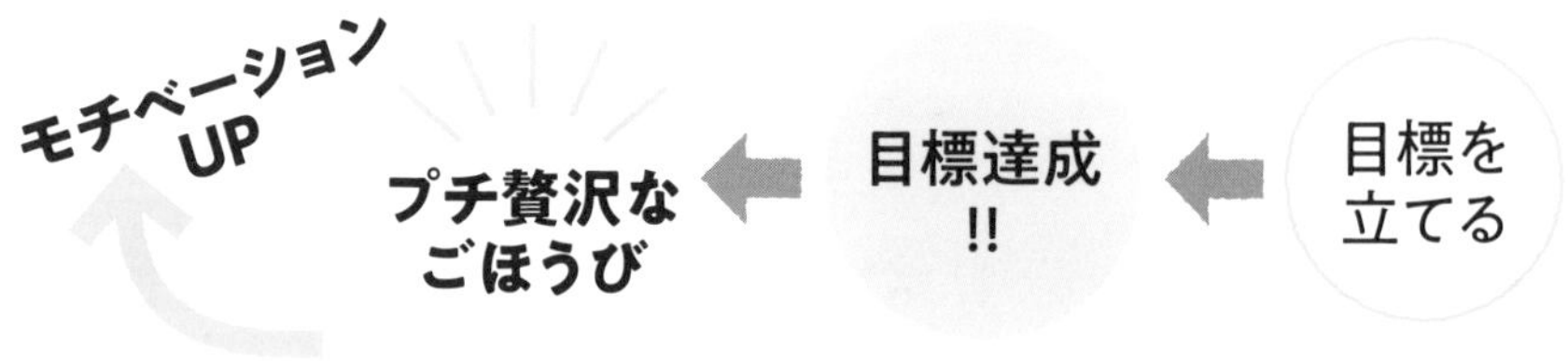

チョコレートにも様々な種類があり、高級品になると、1粒で千円単位のものもあります。私は仕事で目標を立て、そこに向かってつき進むのが好きなのですが、何かを達成したときのごほうびは、高級チョコレートと決めています。「ここを頑張れば、あのチョコが待っている」と思えば、少々のことではめげません。あらかじめごほうびを決めておくと、モチベーションが保ちやすくなります。

人と比べないから、ストレスも感じない

私自身は、もともとストレスは感じないタイプです。たとえば、自分に対して厳しい評価をする方がいらっしゃっても、それをストレスには感じません。むしろ「厳しいご意見は、自分の欠点を指摘してくださっているのだから、ありがたい」と思います。何か思うようにいかないことがあっても、あきらめません。むしろ「あきらめるところから老けが始まる」と考えています。人と比べたりしても、いいことはありません。自分のペースでやるけれど、絶対あきらめない。何度もお話ししているように「今日は人生でいちばん若い日なのだから、何をするにしても遅いということはない」と思っているからです。

これはキレイになることと共通しています。いつからでも、キレイになるために遅いということはありません。いえ「キレイになりたい」と思った瞬間から、すでにキレイになれる準備は整っていると思います。

美習慣⑥ 姿勢

美しい人は姿勢がキレイ。姿勢を意識するだけでやせる人も!

美しい人の条件として、最初にあげられるのは姿勢。姿勢がいいと、すべての印象が変わります。筋肉を使って正しい姿勢を保つようにするだけで、やせる人もいるほどです。

猫背は老けて見える!

普段、自分がどんな姿勢でいるか、意識していますか? 日常生活では、脱力していることがほとんどではないでしょうか。脱力すると猫背になるので、まず、自分が普段、どんな姿勢で過ごしているか、気づくことが大切です。

猫背になると、背骨が曲がって美しく見えないだけでなく、老けた元気のない印象になってしまいます。それだけではなく、内臓の位置が変わってしまい、リンパや血液の循環が悪くなると、体全体や肌の代謝も悪くなってしまいます。

姿勢を正すと筋トレ効果が!

正しい姿勢とは、頭と目線がまっすぐになり、背骨のS字カーブがキレイに見えて、少しお腹に力が入っている状態です。ただし、これは意識していないと意外にむずかしいもの。この状態を保つには筋肉を使いますから、筋トレ効果も期待できます。姿勢を正すように意識するだけで、やせる人もいるほどですから、効果は大きいですね。姿勢は人前では意識しているかもしれませんが、それよりも人に見られていないときこそ意識して、普段から正しく保つように習慣づけたいものです。

オフィスでは1時間に1回、ストレッチを

オフィスで（在宅でも）パソコンに向かって仕事をしている人は、特に注意が必要です。パソコンに向かっていると猫背になりやすく、長時間、同じ姿勢で座っていると、足がむくんだり、座っているだけなのに足がしびれることもあります。これは姿勢が悪い証拠。イスに正しい姿勢で座っていると、足のむくみも少なくなります。それでも1時間に1度は立ってストレッチをしたり、ふくらはぎをもんだり、足首をまわしたりして、リンパや血液の循環がスムーズになるようにしましょう。

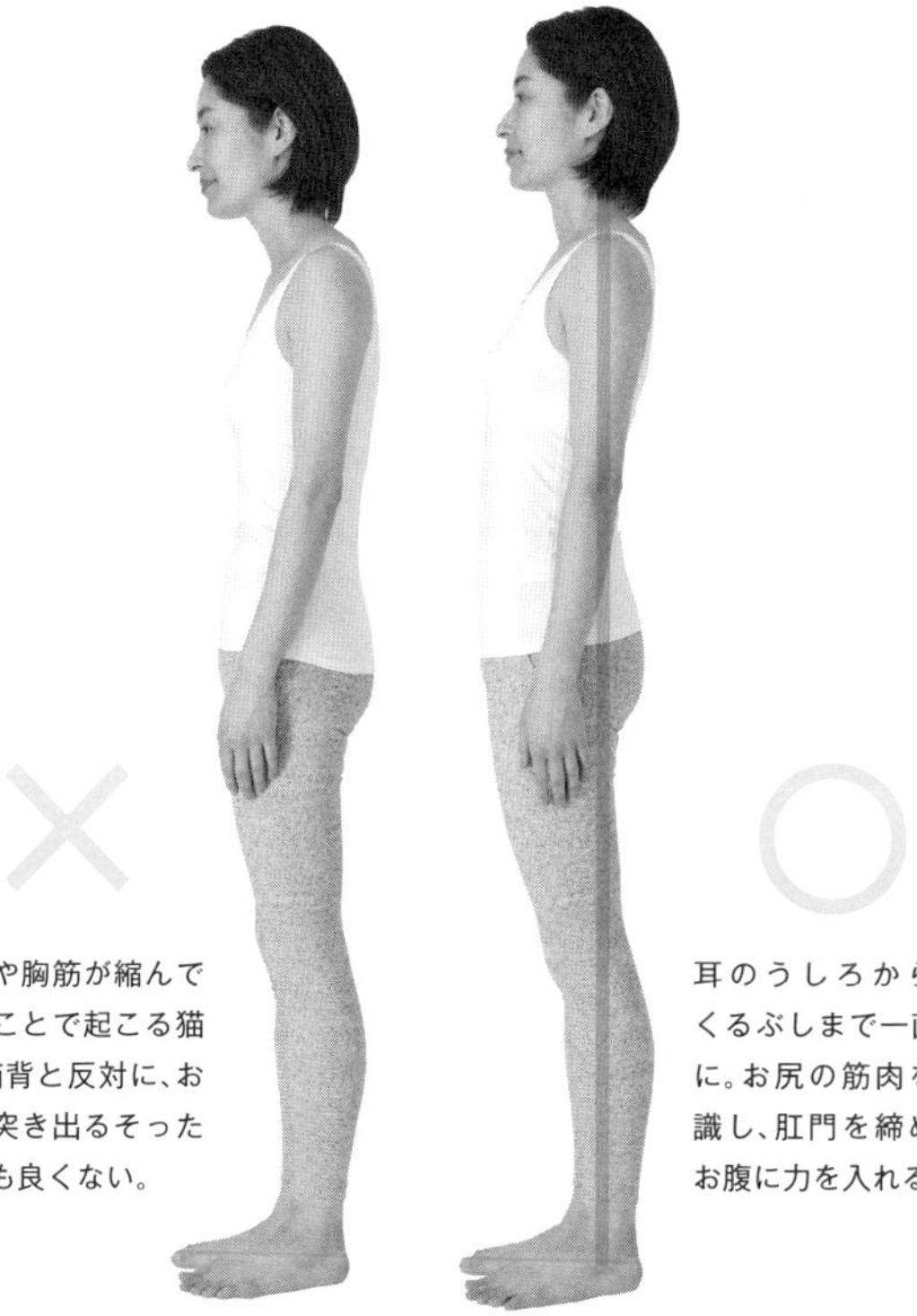

× 背筋や胸筋が縮んでくることで起こる猫背。猫背と反対に、お腹が突き出るそった姿勢も良くない。

○ 耳のうしろから肩、くるぶしまで一直線に。お尻の筋肉を意識し、肛門を締めてお腹に力を入れる。

美習慣⑦ 呼吸

リズムを整え、深い呼吸を意識する

体内に必要な酸素を取り込む呼吸。実は代謝にとても重要です。浅くなりがちな呼吸を深く行えるようにして、代謝のアップをはかりましょう！

歩くペースに合わせて4拍で

深呼吸をするとリフレッシュできるように、呼吸は「深く吸ってゆっくり吐く」が基本です。しかし、時間に追われていたり、ストレスにさらされている現代では、どうしても浅くなりがち。浅い呼吸では、代謝に必要な酸素が体内に十分取り込めませんから、意識して深い呼吸に変えていきましょう。

私がおすすめしているのは、歩くペースに合わせて4拍のリズムで行う呼吸。歩くときの1歩を「1」と数え「1、2、3、4」で吸って、「1、2、3、4」で吐きます。歩くのがゆっくりめの人は「1、2」で吸って、「1、2」で吐いて、でも大丈夫。カウントすることで、呼吸のリズムが整い、深い呼吸に対しての意識づけができます。

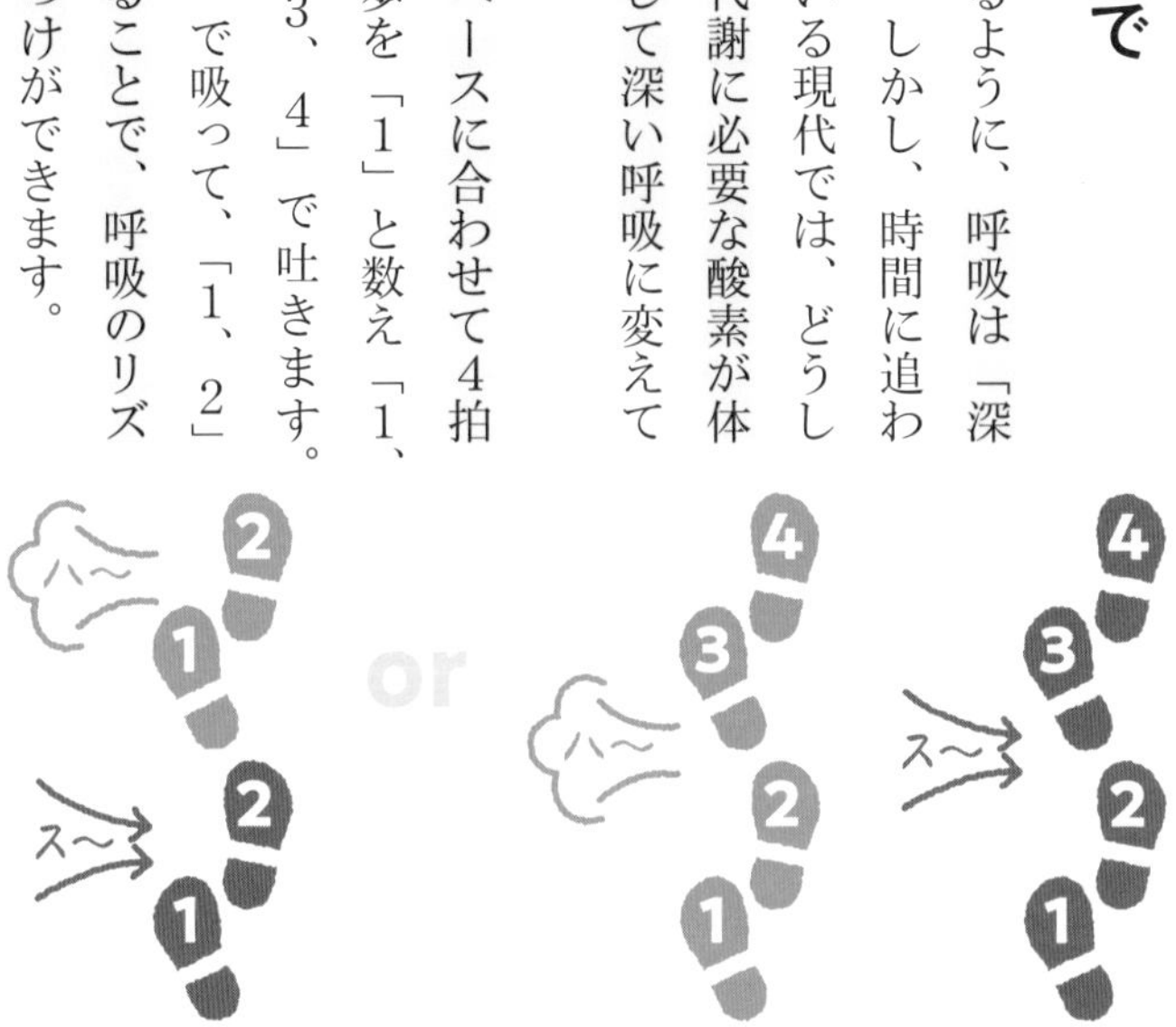

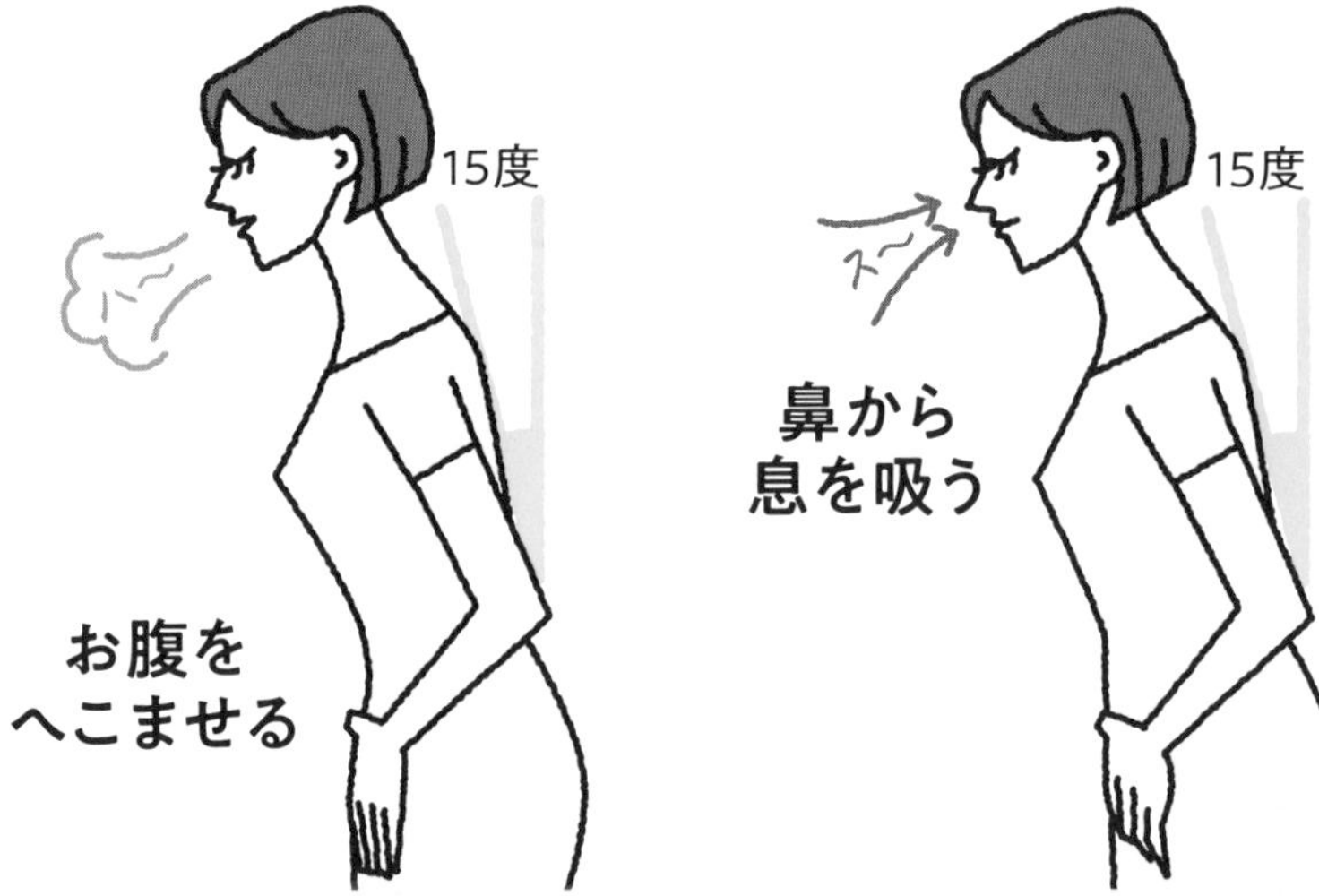

腹式呼吸を練習しよう

呼吸のリズムが意識できるようになったら、腹式呼吸を練習しましょう。腹式呼吸は肺への負担を減らし、ゆっくりと息を吐くことで、自律神経を調節（副交感神経を優位に）したり、横隔膜を上下させて腹圧が変化するので、便通を改善する働きがあるといわれています。

「そもそも腹式呼吸ができているかどうかわからない」という場合は、体を15度ほど前に倒すと、勝手に腹式呼吸になります。このとき、お腹に手を当てて、鼻からゆっくり息を吸うとお腹が動くのがわかります。最大限まで吸って、吐くときはお腹をへこませ、お腹がぺしゃんこになるまでゆっくり吐ききります。実はこのお腹の動きが腹筋運動なのです！　正しい腹式呼吸を身につければ、ポッコリお腹の悩みも解消します。

美習慣⑧ 睡眠

快眠で翌日に疲れを残さない。首のシワにも注意!

良い睡眠がとれた翌日は、目の下にクマもできず、お肌の調子がいいのは、誰もが実感しています。美肌だけでなく、健康にも大きく関わっていますから、毎日、熟睡して気持ち良く目覚めたいですね。

睡眠時間より起きる時間を一定に

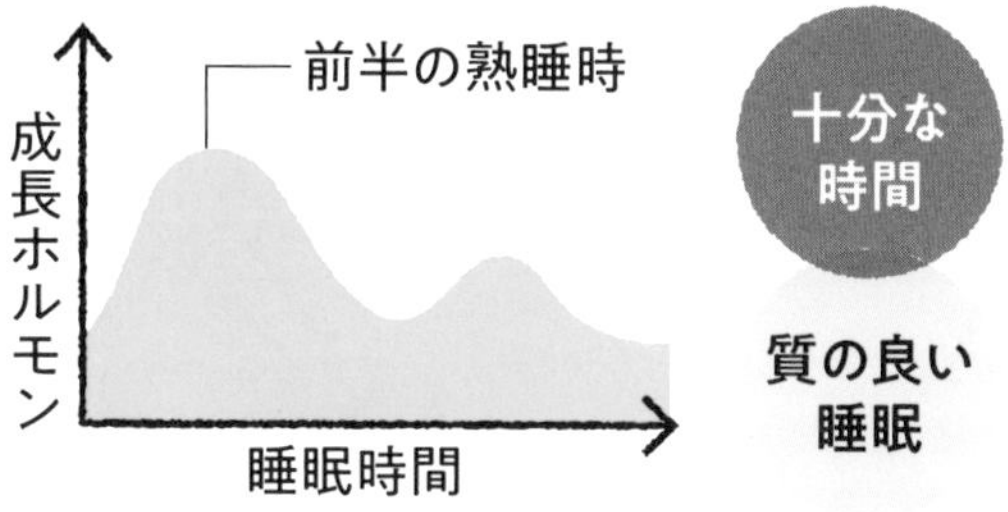

「1日に何時間、睡眠をとればいいか」は人によって違います。5時間で十分という人もいれば、7時間でも足りないという人も。最低6時間ぐらいはとりたいものですが、睡眠の時間だけでなく質も大切なので、これは一概には言えません。ただ、睡眠時間にこだわるよりは生活のリズムに合わせて「毎日7時に起きる」というように、起きる時間を一定にしたほうが体内時計が整いやすく、睡眠リズムがつくりやすいといわれています。

寝る時間も、以前は夜10時から2時ぐらいまでが、美容のための成長ホルモンが集中的に分泌される「ゴールデンタイム」といわれ、この時間は寝ていることが望ましいとされていました。これが近年の研究では、成長ホルモンの分泌されるタイミングは、時刻には関わらないといわれています。仮に深夜3時に寝て午前10時に起きたとしても、質の良い睡眠と十分な時間が確保できていれば、睡眠の前半の熟睡時に、成長ホルモンはしっかり分泌されているそうです。

私の場合は、0時までに寝るようにしていますが、何かの理由で夜ふかししてしまい、2時以降に寝ると、翌日の肌のコンディションに悪影響が出てしまいます。

首にシワをつくらない枕選び

質の良い眠りと、首のシワに関係するのが枕選び。枕の選び方は、けっこうむずかしいものです。枕が高すぎて、頭頂部が上がるとあごが下がり、首にシワができやすくなります。これを避けるためには、カタチが変わりやすく硬すぎない枕を選びましょう。枕を首のうしろに入れて、首が少し持ち上がるぐらいの高さが理想です。

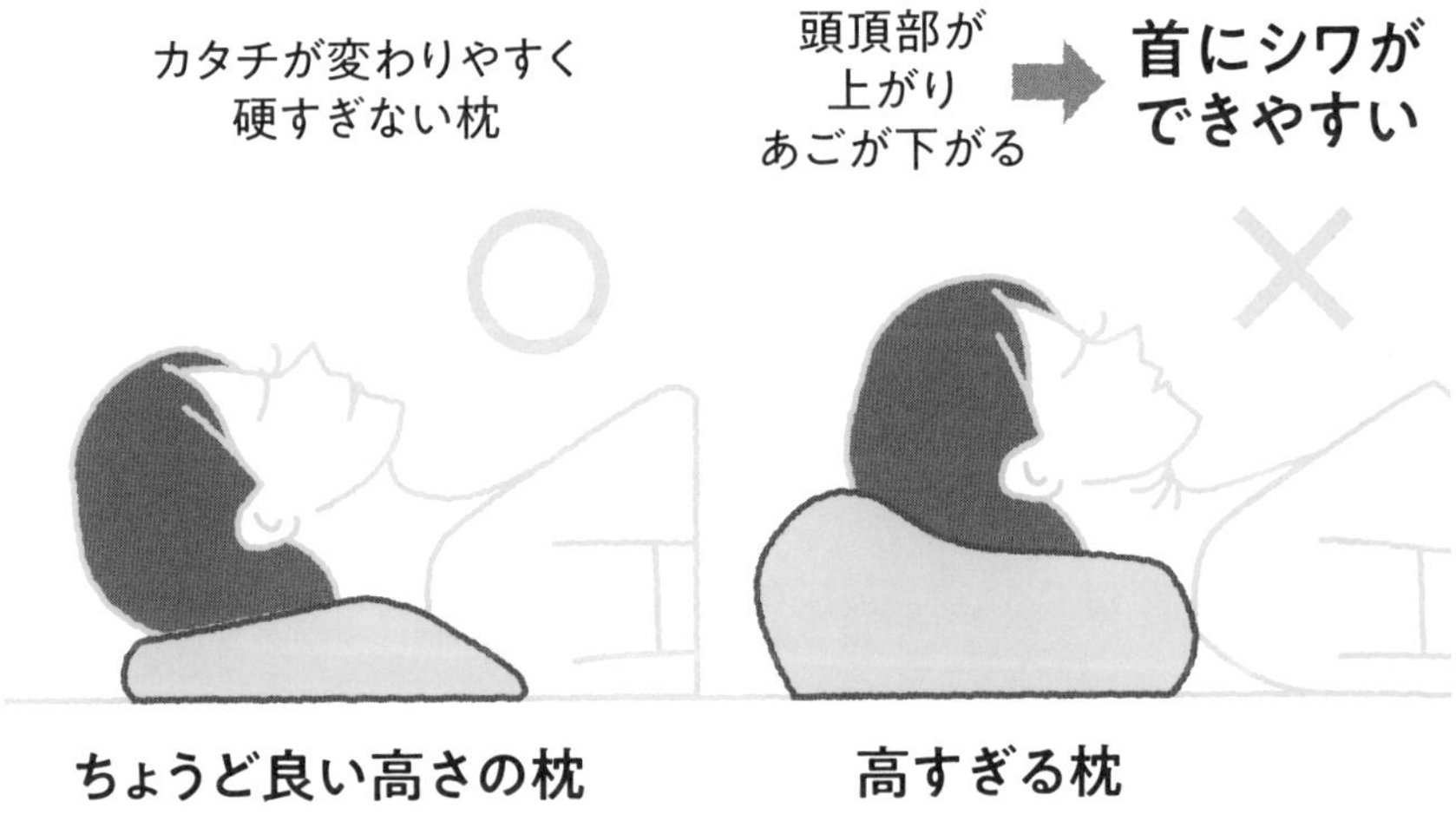

美習慣⑨ **温活・腸活**

冷え知らず、便秘知らずで いつも前向き!

冷えた体はリンパの流れや血行が悪いので、代謝も上がりません。また、腸の働きが悪くなって、便秘や肌荒れの原因にも。私が実践している温活・腸活をぜひ試してみてください!

体の芯を温める温活には腹巻を!

男性に比べて筋肉量が少ない女性は、どうしても冷え性になりやすいものです。私自身も、無理な生活を送っていた頃は、体温が35度台で、冷えに悩まされていました。これを解決してくれたのは、なんと腹巻です! 5年ぐらい前から腹巻を使い始め、現在はほぼ1年中、愛用しています。おかげで体温は、36・6~36・8度ぐらいを保っています。

体温が低いと、冷え性でつらい思いをしたり、そもそも代謝が悪くなるので、お肌にも良くありません。また、体が冷えていると腸の動きが悪くなり、便秘になりやすくなります。体を冷やすような飲み物をなるべく摂らず、白湯を飲むという方法もありますが、自分の体が冷えていると、温かいものを体に入れても、結局は体の中で冷えて水になってしまいます。それならば、冷たいお水を飲んでも、温かくなるような体をつくればいいと始めたのが腹巻。外出する際も、洋服のシルエットに影響しなけ

てんさい糖 ＋ 発酵食品 ＋ 食物繊維 ＋ 乳酸菌

れば、ほとんど着用しています。

寒い時期は遠赤外線が出るような鉱石が練り込まれている素材の腹巻を愛用。どうしてもシルエットが気になるとか、苦しい場合は、お尻に巻きます。これなら骨盤や子宮まわりも温かくなるので、おすすめです。

汗をかきやすく、むれやすい夏は、麻や綿といった薄めの天然素材の腹巻を使いますが、効果は薄くなりますね。しかし、クーラーの効いたところでは、腹巻をしているのとしていないのとでは冷え方が全然違います。

乳酸菌やてんさい糖で便秘知らず

腹巻でお腹を温めることも効果的ですが、腸の活性化には食べるものが重要です。最近、腸の健康が盛んに取り上げられていますが、腸の働きが整うと、お通じがスムーズになるだけでなく、自律神経が整い、気持ちが明るく前向きになるともいわれています。

乳酸菌や食物繊維、発酵食品などを積極的に摂ることがおすすめですが、さらに私はグラニュー糖を使わず、てんさい糖に替えました。てんさい糖にはオリゴ糖が含まれているので、腸の働きを良くしてくれる糖として日常的に活用しています。

腹巻で冷えを解消し、腸活をあわせて行っている今、便秘とは無縁で、肌荒れも起こしにくいことを実感しています。みなさんにもおすすめです！

美習慣⑩ 運動

運動のための時間はいらない！日常の中で「ついでに」を増やす

運動のための運動はしない！ 何かのついでに運動を取り入れるのが服部流。ルーティーンにするなら、朝の10分の運動がおすすめです。

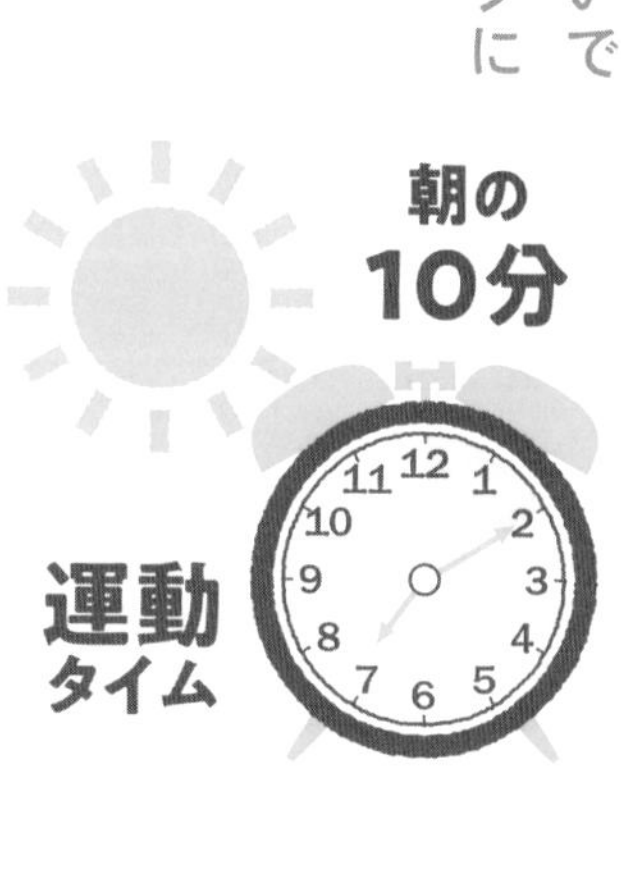

無駄な動きダイエットを実践

普段、運動していない人が、急に運動を始めようとしても、三日坊主で終わることが多いですよね。私が実践しているのは「無駄な動きダイエット」。「無駄な動きダイエット」なんて勝手に名前をつけていますが、これは無駄な動きを増やしてダイエットしましょうという考え方です。

たとえば、歯磨きをしているときは、かかとを上げたままにする。家の中を歩くときは、無駄に多く歩く。床は便利なモップを使うのではなく、ぞうきんがけをする。電車の中でつり革を持ったら、かかとの上げ下ろしをする……。「運動しよう」と意気込んで、時間をとるのはけっこうむずかしいので、何かしているついでに体を動かして、それを運動代わりにしようというわけです。これを始めると、日常的な所作がとても気になり始め、どう動けばどこの筋肉が伸びるとか、肩のストレッチになるとか、自分の体の動きに興味がわいてきます。

充実した1日には朝の運動をルーティーンに

毎日のルーティーンとして運動を取り入れたいのなら、断然、朝がおすすめです。私の場合は、You Tubeでよく見る動画があって、ヨガやバレエをもとにしたエクササイズの動画を見ながら、10分ぐらい体を動かします。飽きっぽいので、毎日、違う動きを見ながら、楽しくやっています。実感として、朝の忙しい時間帯には、20分以上では続きません。10分以内がちょうどいい長さ。朝の10分で、体も頭もスッキリと目覚めるので、「今日も1日頑張ろう!」というふうにテンションも上がります。

10分でも長いという人には、ラジオ体操がおすすめです。3分ちょっとで終わるという短さが魅力です。ただし、体の筋肉すべてを意識して、真剣にやること。すると、たったの3分でも、体がポカポカしてきます。

運動はダイエット目的だけでなく、「キレイになりたい」というやる気のスイッチを入れるには最適です。たとえ三日坊主で終わっても、また何回でも始めてください。日常のルーティーンになれば、やらないと落ち着かなくなるはずですから。

\\ おすすめ //

ショートプログラム

「朝は時間がないから、手早く終えたい」「オフィスで疲れたときに」といった時間帯別に、最も効果的な組み合わせのショートプログラムをご紹介します！

① 時間のない朝のスピード・コース

目をパッチリ開き、むくみを取ってメイクのりを良くします。

◎基本の顔筋ほぐし①　眼瞼下垂を食い止め、パッチリ目に …………………………… P.32

▼

◎基本の顔筋ほぐし⑤　たるんだフェイスラインを、ググッと引き上げシャープに …… P.42

② オフィスで疲れてきたときのリフレッシュ・コース

メイクが崩れて、顔に疲れが見えてきた時間帯に。

◎基本の顔筋ほぐし②　ゆるんでくすんだ肌を、弾力あるツヤ肌に ………………………… P.36

▼

◎下半顔のお悩み解消④　下がった口角を上向きに整える ……………………………………… P.66

③ 入浴中を活用するバスタイム・コース

血行が良くなっているときに、鏡を見ながら行います。

◎基本の顔筋ほぐし③　ゆがんだ顔を矯正し、整った小顔に ……………………………… P.38

▼

◎劣化防止スペシャルケア③　鼻のむくみを取り、小鼻の広がりを小さく ……………… P.80

④ 夜や時間に余裕のあるときにリラックス・コース

１日の疲れを癒しながら、明日の美肌の準備をしましょう。

◎劣化防止スペシャルケア⑤　どんよりくすんだ顔を透明感のある美肌に ……………… P.84

▼

◎基本の顔筋ほぐし④　ぼんやりむくんだ顔を、スッキリはつらつと ………………… P.40

⑤ 寝る前におすすめの快眠コース

おやすみ前に最後のケア。ここまで行えば、気持ち良く眠れます。

◎劣化防止スペシャルケア④　シワっぽい手の甲に、ハリとツヤをよみがえらせる …… P.82

▼

◎劣化防止スペシャルケア①　首のシワをなくす ………………………………………………… P.76

▼

◎上半顔のお悩み解消⑤　眉間のシワを消す ……………………………………………………… P.54

\\ 楽しく続けるための //

1week Checksheet!

日付を入れ、毎日どれぐらい実践できたかを記録してみましょう。各項目別に実践できた数字を入れてTotalし、今日の自分を5段階評価。☆を塗りつぶしましょう。「ほうれい線が昨日より薄くなった！」等、改善コメントも。1週間分なのでコピーして使いましょう。

		基本	上半顔	下半顔	スペシャル	美習慣	Total		Memo
月	Monday 月／日	／5	／6	／6	／6	／10	／33	☆☆☆☆☆	
火	Tuesday 月／日	／5	／6	／6	／6	／10	／33	☆☆☆☆☆	
水	Wednesday 月／日	／5	／6	／6	／6	／10	／33	☆☆☆☆☆	
木	Thursday 月／日	／5	／6	／6	／6	／10	／33	☆☆☆☆☆	
金	Friday 月／日	／5	／6	／6	／6	／10	／33	☆☆☆☆☆	
土	Saturday 月／日	／5	／6	／6	／6	／10	／33	☆☆☆☆☆	
日	Sunday 月／日	／5	／6	／6	／6	／10	／33	☆☆☆☆☆	